禁断の雑学

誰もが口を閉ざす衝撃の雑学250

黒い雑学研究会 編

彩図社

はじめに

我々の暮らす社会には、「表」と「裏」がある。普段は意識することがないが、安全で平和に見える生活の陰には、知ったら怖い、納得できないと思うことが、実はごまんとあるものだ。

最近の日本では忘れられかけているが、1970年代後半、アメリカではカルト教団による集団自殺事件が起きて、社会を震撼させていた。娯楽を生み出すハリウッドでも、1980年代に映画撮影中の事故で役者が死亡する事件が起きて、監督の価値観に暗い陰を落としている。死との関連でいえば、2000年代に入ってイラクやアフガニスタンに派遣された兵士は、戦場で死ぬより自殺する者の方が数が多いことが明らかになっている。

それはアメリカの話で我々には関係がない、と思うかもしれないが、日本においても知ったら怖い出来事はいくらでも起きている。歴史をさかのぼれば、罪人の体を埋めて鋸《のこぎり》で首を挽《ひ》くという残虐な刑罰や、女性を遊女にする刑罰があった。近代化直後には、村ぐるみで寺を破壊する運動が起きていたし、昭和に入っても、ある山では自殺することが大ブームになり、死ぬ場所を求めて連日人が押し寄せるということもあった。

また、そこまで昔のことでなくても、「知りたくなかった」「知ってしまって怖い」と思う事実は、日常的にあふれている。例えば、人間なら誰もが摂取する水でさえ、飲みすぎれば中毒になって死ぬ可能性があるし、健康のためだと緑黄色野菜に含まれるβカロテンを多く摂っても、逆に体を蝕む可能性がある。堕胎が日本人の死因の第3位だという事実や、ハチミツが幼子の命を奪いかねないという情報には、思わずハッとしてしまうかもしれない。

大仰なことを書いたが、これから紹介する内容は、そう堅苦しいものではない。単純に「知ると怖ろしい」と言われれば、誰でも多少は気になるものだ。本書は、そんな知ると怖いけど気になってしまう250の雑学を、一挙にまとめたものである。日常的な事柄から、科学、事件、歴史、地理、各地の風習まで、幅広いジャンルから項目を集めた。気軽に消化できる雑学もあれば、人によっては社会や歴史について考えるきっかけになる雑学もあるかもしれない。

過去から現在にかけて、日常に潜んで受け継がれてきた「恐怖の世界」と「闇の知識」。その中で蠢く人間の有様を、読み取っていただければ幸いである。

禁断の雑学

誰もが口を閉ざす
衝撃の雑学250

目次

はじめに

1章 日常編

2章 歴史・地理編

3章 事件・結社編

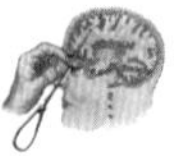

4章　科学編

5章 文化・制度編

1章 日常編

水を飲みすぎると中毒で死ぬ

生命の維持には不可欠でありながら、摂取しすぎると危険をもたらす物質がいくつかある。その一つが「水」である。

２００７年、アメリカのカリフォルニア州で水飲み大会に参加していたジェニファー・ストレンジという女性は、大会後に頭痛とめまいを訴え、数時間後に死亡した。死因は、水を過度に摂取したことによる「急性水中毒」だった。

水のどこにそんな危険があるのか？　水の摂取量が限界を超えると、細胞が膨張してナトリウムなどの体液成分が極端に薄くなる。その結果、めまいや吐き気、手足のむくみといった症状が表れ、ときには脳髄《のうずい》すら膨れ上がらせるのだ。

重症の場合は、脳が圧迫されて重い頭痛や意識障害を起こし、ジェニファーのように命を落とすこともある。

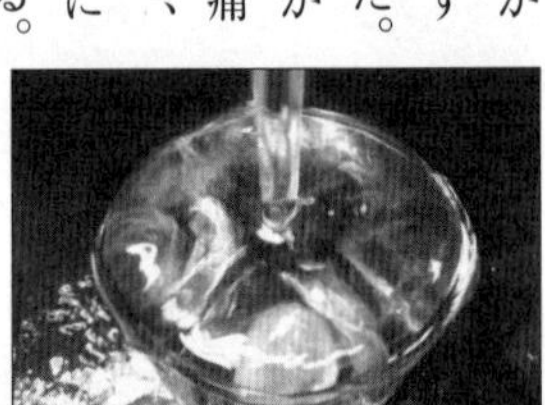

なお、この水中毒に似た症状を起こすのが「熱中症」である。熱中症も水中毒も、体内におけるナトリウムのバランスが崩れると発症する。熱中症は体内のナトリウムの不足が、水中毒はナトリウムの希薄化が原因の一つだ。

水を飲まないと人間は生きていけないが、飲みすぎても人体は悪影響を被るのである。

高濃度酸素は人体を破壊する毒になる

生命活動を維持するために、ほとんどの生物が酸素を必要としている。なければ呼吸ができずに死んでしまうが、その一方で、酸素はほとんどの物質と化学反応を起こして「酸化」を引き起こす。これが人体に悪影響を及ぼすのである。

酸素が生物にとり込まれるとエネルギーが生み出されるが、同時に生物の体をサビつかせる「活性酸素」も作り出される。活性酸素が細胞膜の脂質を徐々に酸化させると細胞内にダメージが蓄積し、最終的にはその機能を停止させるのだ。これが老化の促進、動脈硬化、細胞損傷によるガンの発生の原因だともいわれている。

また、濃度が2気圧以上の酸素を吸い続けると、中枢神経が蝕まれて手足の先が痺れ、痙攣《けいれん》へと変わり、吐き気やめまいが現れ始める。これが「酸素中毒」だ。

このとき、体の中では急激な酸化が進んでおり、放置すると症状は見る見るうちに深刻化する。肺の酸化による胸痛や呼吸困難、眼球内の網膜や毛細血管の損傷が原因の網膜剥離《はくり》や視力低下などが起きるのだ。

酸素中毒は、空気ボンベを使用する潜水士や宇宙飛行士に起こりやすい。一時期は新生児への酸素被害も問題視されていた。保育器を使った高濃度酸素供給が原因だ。現在では幼い子どもに事故が起こらないよう、厳しい規制が設けられている。

全身麻酔の仕組みは完全にはわかっていない

　手術の際、患者の苦痛を和らげるために用いられる麻酔。意外なことに、ガスや液体から揮発《きはつ》した気体を吸う吸入麻酔法は、なぜ意識を失わせるのか最近まで解明されていなかった。２０２０年にその過程がわかったが、それまでは経験の積み重ねに基づき使い続けられていたのである。

　麻酔が効果を生み出すことはわかっているものの、具体的に体のどの部分が薬のメインターゲットとなり、麻酔作用が起きているか、すべては判明していない。

　体や神経の一部分を麻痺させる局部麻酔や、静脈注射による全身麻酔は、科学的に仕組みが解明されているが、それでも、麻酔の効き具合は体質や体格、生活習慣など個人差が大きく、実際にかけてみないと効くかわからないのが現状だ。

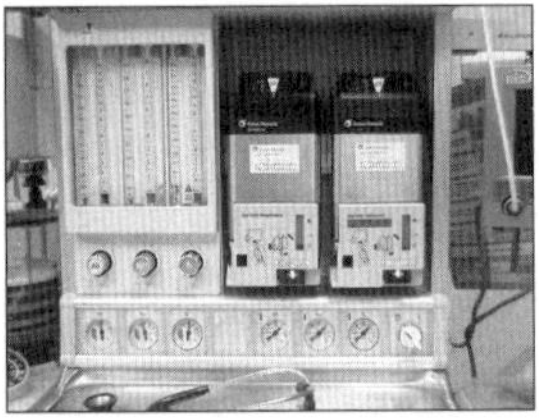
麻酔を気体にするための気化器（© Ignis/gallery2005）

　さらには手術中、患者が麻酔から覚醒することも、ごくまれにではあるが起こるという。そうした事態を適切に対処できるよう、医師や看護師は手術中、常に脳波や心電図などを計測し、少しでも患者に異常が見られた場合、薬剤の種類を変えたり、量を増やしたりして対処しているのだ。

マスクでウイルスを防げるのか？

コロナ禍以降、世界中で利用されるようになったマスク。新型コロナウイルスに対して効果はないという言説があるが、結論からいえばそれは誤りだ。

確かに、マスクはウイルスを完全に防ぐことはできない。一般的なマスクの網目の大きさは、5マイクロメートル。対して、例えば風邪のウイルスの大きさは0・1マイクロメートルなので、マスクの網目を通り抜けてしまう。それなら網目を小さくすればいいのにと思ってしまうが、ウィルスを防ぐほどの大きさにすると、今度は呼吸ができなくなってしまう。

では、マスクはウイルス予防にまったく役に立たないのかといえば、そうではない。マスクを着用することで、「飛沫《ひまつ》感染」の防止を期待することができるのだ。

ウイルスは、咳やくしゃみなどによって飛び散った唾液などの水分（飛沫）に含まれている。それが口や鼻などの粘膜に接触すると感染するのだが、この飛沫は5マイクロメートル以上あるので、マスクを通り抜けることはできない。人に感染させないためにマスクは効果的というわけだ。

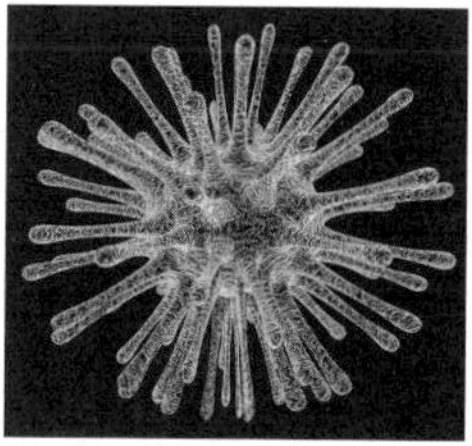

ウイルスのイメージ図。ウイルスはラテン語で「毒薬」を意味する「virus」が由来。

１００万のインフルエンザワクチンに必要な卵は３００万

冬になると流行が懸念されるインフルエンザ。ワクチン接種による予防が推奨されているが、製造にはニワトリの受精卵が大量に必要となる。

インフルエンザワクチンには、毒性が弱いか毒性のないウイルスが利用される。体内に注入すると、抗体の生成が促される。一度抗体ができれば、免疫細胞は病原体を記憶するので、すばやく攻撃できるわけだ。

仕組み自体は単純ながら、製造するには手間がかかる。まず生まれて10日くらいの卵にインフルエンザウイルスを植えつけ、ウイルスを大量に増殖させる。その後、濃縮・分解した後、ウイルスと細胞が繋がる部分を集めて完成だ。

この方法で一人分のワクチンをつくるのに必要な卵は３個。１００万人単位の大流行に対応するには、３００万個の卵が必要となるわけだ。

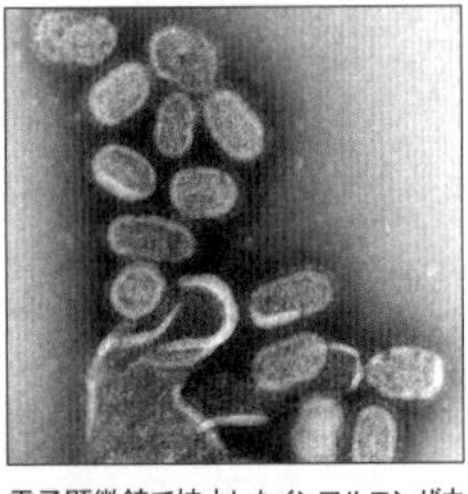

電子顕微鏡で拡大したインフルエンザウイルス

しかも、卵なら何でもいいというわけではなく、受精卵でしかインフルエンザワクチンは作れない。そのうえ親鶏は、ワクチン製造開始６カ月前から厳しい衛生管理、飼育管理のもと育てられたものに限られる。

そのため、急な流行のときは製造が追いつ

かない場合があるのだ。新型インフルエンザの場合は経験や知識もとぼしいため弱毒化したウイルスの用意も難しくなり、準備が整わない恐れもある。

ボツリヌス毒素の致死量は０・００００６ミリグラム

　最強の毒とは何か？　よく候補に挙がるのは、ボツリヌス菌の持つ「ボツリヌス毒素」である。致死量は、体重60キロの人に対して０・００００６ミリグラム。サリンの20万分の１にあたる。５００グラムで全人類を死滅させることが可能だ。

　ボツリヌス菌は土壌、河川、湖沼《こしょう》、海底など、至るところに存在し、「芽胞《がほう》」を形成する能力を持っている。芽胞とは、種子やカビの胞子のように耐久性の優れた細胞構造のこと。１００度で数時間加熱しても生き残ることがあり、死滅させるには１２０度で30分間の加熱が必要だ。

　ただし、芽胞状態のボツリヌス菌は増殖することができないため、日常生活を送る上で危険はない。危ないのは、「生物兵器」として利用する国やテロ組織だ。

　実際、オウム真理教は、地下鉄サリン事件に先立ってボツリヌス毒素を東京で使おうとしていた。噴霧《ふんむ》された場合、噴霧地点から風下５００メートル以内の人口の10％を殺傷すると推測されている。幸い、オウムの実験は失敗し、ボツリヌス毒素は生物兵器に利用されずに済んだ。

ゴキブリを材料にした漢方薬がある

普段目にする生き物の中で、嫌われものナンバーワンのゴキブリ。名前を聞くだけで寒気がする人もいるかもしれないが、実は漢方薬として利用されていたりする。

ゴキブリ由来の生薬は、「シャ虫」という。シナゴキブリやサツマゴキブリなどのメスの成虫を乾燥させたものだ。血行を促す作用を持つとされ、冷え性や肩こり、幼児の腹痛、夜泣きにも効果があるという。

そんなものは飲みたくないという声が聞こえてきそうだが、世界にはゴキブリを薬とする地域が少なからずある。アメリカでは破傷風の薬として煎じて茶にし、ペルーではゴキブリ酒が風邪に効くとされていた。さらに、18世紀のイギリスではペーストにしてパンに塗り、船員が船の中のゴキブリを捕まえて生で食べていたという。タイのある少数民族はゴキブリの尾の先についた卵鞘《らんよう》をフライにするし、東南アジアには素揚げや唐揚げにして食べる地域もある。

想像しただけでも気持ち悪いと思う方もいるだろうが、ゴキブリは有毒な生き物ではなく、清潔な環境で飼育すれば人体に悪影響を及ぼす菌を持つことはない。

それに豚肉100グラムとゴキブリ50グラムは、ほぼ同じカロリーながらゴキブリの方に1・5倍以上のタンパク質が含まれている。試すかどうかはともかく、ダイエットに適した食材でもあるのだ。

日本でガンと心疾患につぐ死因は堕胎

　現在、日本人の死因でもっとも多いのはガンだ。これに心筋梗塞《しんきんこうそく》などの心疾患が続くが、実は第３位に位置するのは病気ではない。中絶、つまりは堕胎《だたい》である。

　厚生労働省が発表している「人口動態統計」によると、２０２０年の死因順位は、１位が悪性新生物（ガン）の37万８３５６人、２位は心疾患の20万５５１８人、３位が老衰の13万２４３５人となっている。

　一方、人工中絶件数は14万５３４０件。ガンや心疾患よりは少ないが、老衰よりは多い。減少傾向にはあるものの、それでも他の死因と比べると、決して少ない数では

◆日本人の主な死因別死亡数の割合

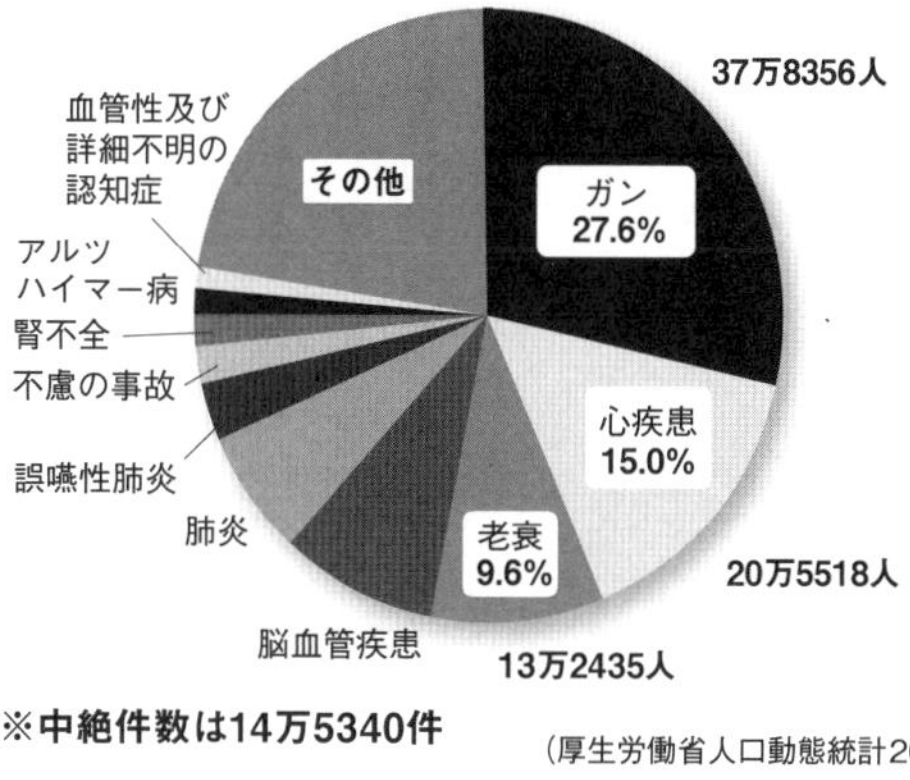

※中絶件数は14万5340件

（厚生労働省人口動態統計2020）

ない。1日に換算すると、約３９８件もの堕胎が行われていることになる。なお、同年の出生数は約84万人である。

どんな女性が中絶を選ぶのか？　10代のイメージが強いかもしれないが、実は20代の女性も多い。２０２０年の厚生労働省の衛生行政報告例によると、20代未満が約1万１０００件であるのに対し、20歳から24歳までは約3万５０００件にものぼり、25歳から30歳未満もおよそ3万件に及ぶ。

20代女性が堕胎を行う理由は、「経済的な事情」が多いとされている。パートナーの男性が非正規雇用で収入が安定しないため、出産を諦めるといったケースが目立つという。人工中絶は、日本社会の隠れた「病」といえそうだ。

体内でガンは毎日発生している

日本人の死亡原因でもっとも多い「ガン」。このガン細胞が誰の体にも毎日、大量に生まれていることをご存じだろうか？

人間の体は、37兆個とも60兆個ともいわれる多くの細胞でできており、毎日約８０００億個が入れ替わる。このとき、古い細胞の持っている情報はＤＮＡによって受け継がれるが、膨大なコピーが行われるため、ミスが起きることがある。このコピーミスによって生まれるのがガン細胞だ。

ガン細胞の発現数は、1日にして約５０００個。全細胞の数からすればごくわずかだが、決して自然には消滅せず、限度なく分裂増殖を繰り返し、他の細胞にも影響を及ぼす。

　増殖前に免疫細胞によって処理されるため、若いうちはガンを発症する可能性が低い。だが、加齢に伴い免疫力が低下すると、ガン細胞への攻撃力は落ちる。こうしてガン細胞は増殖を続けるようになるのである。

　細胞のミスコピーである以上、ガンを完全になくすことはできない。生物である以上、ガンは避けられないということなのである。

精子が免疫細胞に殺されることがある

　妊娠は卵子と精子の結合によってなされるが、この精子が免疫細胞によって殺されてしまうこともある。原因は、ウイルスや細菌の表面にある「抗原」に反応してつくられる「抗体」だ。

　免疫細胞は抗原を認識すると、抗体を作り出して対抗する。これにより、同じ抗原が再び侵入してきても、免疫細胞は敵（非自己）とみなして速やかな対処が可能となる。同じ病原体が体に入ることで、病気にかかりにくくなるわけだ。

　だが、ときには精子に対する「抗精子抗体」がつくられることもある。精子を受け入れる女性のみならず、精子をつくる男性にもできてしまうのだ。

　通常、精子は血液と直接触れ合わないようバリアがはられているが、精巣の炎症や外傷、パイプカットなどの手術によって、精子が血液中に入ることがある。そうして免疫細胞が精子を抗原と認識してしまうと、結果として抗精子抗体がつくられて、攻撃を受けてしまうと考えられている。

　女性にも抗精子抗体を持つ人はいるが、先天的なのか後天的なのかも含め、その原因は明らかになっていない。

　不妊の理由はさまざまだが、不妊の男女の3％に抗精子抗体が存在するというデータもある。体を守る免疫細胞が、ときには人体に悪影響を及ぼすのである。

現在の遺伝子検査では子どもの才能はわからない

　遺伝子は、生命の細胞データが記された地図である。そのため遺伝子を検査すれば、病気にかかる可能性を探ることができる。それなら生まれてくる子どもの才能を探ることもできるはずだ、と思われがちだが、今の技術では不可能である。

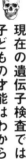

　確かに、人の能力や性格に遺伝子が影響を与えているのは事実だ。ただ、影響を与えるのは単一の遺伝子ではなく、約2万ある遺伝子の総合的な作用による。そして現在の遺伝子検査は、ある程度的を絞って遺伝子を調べるため、総合効果である才能を判断することは不可能なのである。

　ネットで調べれば、すぐに「遺伝子検査で才能がわかる」といった宣伝文句が目に入ってくる。価格は数千円から数万円と幅広いが、いずれも検査結果を保証するものではない。結果は「こういう可能性があるかもしれない」という曖昧《あいまい》なもので、業者が責任を負うこともないため、あまりおすすめはしない。

優秀な子どもがほしいと望むことは仕方ないにしても、その心理を利用した業者に騙《だま》されないよう気をつけたい。

新生児の血液型は変わることがある

日本では、血液型はＡＢＯ式がよく知られている。普通は変わることがないが、大人になって病院で検査してみたら、これまで信じていた血液型と違ってびっくり、という人もいるかもしれない。その原因は、生後間もない期間に血液検査を受けたからかもしれない。

実は、新生児は血液型が曖昧で、はっきりとわかるようになるのは生後6カ月からといわれている。つまり、血液型が変わったのではなく、検査の結果が間違っていたと考えられるわけだ。

ただ、血液型が変わってしまうこともないわけではない。それは骨髄移植を受けた場合だ。

骨髄移植は、患者と骨髄提供者の白血球の型が合えば施術可能な治療である。その際、赤血球のＡＢＯ式血液型が違っても、血液の血しょう成分をすべて入れ替えたり、免疫を抑制したりすれば実行できる。

ただし、A型のドナーからB型の患者に移植を行うと、骨髄はA型の赤血球をつくるため、患者もA型になってしまうのだ。

親しい人がニセモノに？ カプグラ症候群

いつも顔を合わせている家族やパートナーが、突然ニセモノに入れ替わっていると思い込む。それが「カプグラ症候群」だ。

この病気の怖いところは、罹患者《りかんしゃ》はニセモノに入れ替わった目的が、自分を監視したり害を及ぼしたりするためだと考えること。恐怖心から、ニセモノだと思い込んだ自分の妻に暴行を加えたり、自分の父親がロボットであると思い込んで頭を割ったり、さらには母親を殺害するというやりきれない事件も起こっている。

なぜ、こんなことが起こってしまうのか。ある患者のケースから、その相手をニセモノだと思い込むのは面と向かった状況だけで、電話で話すときは本人だと認識していることがわかった。つまり患者は、なんらかのきっかけで視覚情報による感情の動きが遮断されていると考えられる。脳の中で人物の顔を知覚するのは側頭葉で、視覚情報から刺激を受け感情が生じるのは右前頭葉。ここになんらかの障害が起こり、正しい判断ができなくなったと思われる。

今のところ有効な治療法はない。過去にカプグラ症候群を発症した患者も、ある程度は「改善」しても、昔のような親近感が戻ることはなかったという。

モノとも性交　クリューバー・ビューシー症候群

２００２年、カナダにおいて、運転中の車が路上に駐車している車数台と接触し、道路脇に斜めに乗り上げた。一見すると「よくある自動車事故」だが、運転手のその後の行動は、異様だった。

運転していたハーヴィという青年は車から飛び降り、いきなり全裸になって道路に寝転がった。そして道路に性器をこすり付け、性交する仕草を始めた。さらには、勃起した性器を車のフロントにこすり続け、挿入しようと試みたのである。

対象を選ばずに性交を試みる。この行動は、「クリューバー・ビューシー症候群」という病気の典型的な症状だ。

クリューバー・ビューシー症候群は、脳の側頭葉にある扁桃体《へんとうたい》が傷つくことで起こる。扁桃体は人の好き嫌い、愛憎、恐怖などにまつわる基本的なデータ処理が行われる、いわば「情動の中枢機関」的な重要部位である。

つまり、扁桃体が損傷すると、恐怖心が極端に薄れ、選別基準がなくなる。そこで本能のまま「そこにある物体に性欲をぶつける」という結果になってしまうわけだ。

車に欲情したハーヴィは、過去にも事故歴があった。度重なる事故の衝撃で扁桃体が傷ついたのではないかと考えられている。

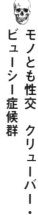

生きる気力を失う病 コタール症候群

うつ病のもっとも重い型に「コタール症候群」というものがある。特徴は「自分は食べ物が吸収されないので、なにを食べても無駄」「血管が全部潰れているので、治療をしても無駄」「自分が死んだ」などと思い込む、とても奇妙で深刻なものだ。しかも、生きる気力の全部がなくなり、食欲や睡眠欲といった、生きるのに必要な生理的欲求さえもなくなってしまうという。

　アメリカのある少女は、両親の離婚がきっかけで「自分は死んでいる」と思い込み、墓場に通ったりホラー映画ばかり観たり、「死んでいるから太ることもない」と過食に走ったりするようになった。

　また、「自分は死んだ魚の臭いがする」「自分は脳も神経も内臓もない皮と骨だけの存在」と認識していた症例も確認されている。この当事者は「自分には内臓がないのだから食事も必要ない」と食事を摂らず、しかも何度も自殺未遂を繰り返したらしい。「自分が存在していない」という妄想は、前向きさを失わせるだけでなく、自分の命を放置させてしまう。極端な思い込みを併発する重度のうつ病は、自らの人生を終わらせてしまう可能性も否めないのである。

絶頂が止まらず心身を蝕む 持続性性喚起症候群

ＥＤ（勃起不全）で悩む男性は多いが、逆に「イキすぎる」という病気がある。それが「持続性性喚起症候群」だ。

その症状は、性欲や自分の意思とは関係なく、どのタイミングで絶頂感が襲ってくるかもわからないというもの。気持ちがいいどころか、羞恥心と罪悪感、そして不快な体の痛みに苦しむのである。

世界ではじめてこの病気を公表したのは、アメリカ在住のデール・デッカーという男性。デッカーは2012年、椎間板《ついかんばん》ヘルニアがきっかけでこの病を発症し、ひどいときには1日100回以上ものオーガズムを経験したという。さらに、公表した後も、治療ができる医者とはなかなかめぐり会えなかった。

グレッチェン・モラネンという女性は23歳で発症し、16年間もこの病気と戦った。

仕事ができなくなるほど症状は重く、毎日何度も襲ってくる興奮と格闘しなければならなかった。

唯一の緩和方法は、自慰行為である。バイブレーターを持って自室に引きこもり、マスターベーションを何時間も立て続けに行う日々。当然、身体的疲労がたまったが、それよりも羞恥心と自己嫌悪のほうが彼女の心を重く暗くした。

症状は改善されることなく、彼女は自らの命を絶った。

神の怒りを買ってしまった？スクリュープロシティ

特定の思考を持った人しか罹らない病気がある。それが「スクリュープロシティ」。自分の行動・言動が「神様を汚すようなことばかり」であると思い込み、過剰に罪の意識を感じてしまうという、信仰心の篤い人々だけがかかる奇病だ。

　罹患者は、自分が罪を犯すのではないかと強迫観念に囚われ、「もうすぐ罰を受ける」「自分はやっていない」と頭の中でグルグルと考え込む日々を過ごすようになる。

　そして、「神様ごめんなさい」と謝ったり呪文を唱えたりと、自らの潔白を神に示す行動ばかりに集中する。投薬やカウンセリングを行っても効果はなく、宗教関係者の協力がないと治療が難しいという。

　信仰心と関係して発症する疾患といえば、「聖痕《せいこん》現象」が有名だ。これは、キリストが受刑時に受けた傷と同じ箇所、手のひらや足などから出血するというもの。強烈なストレスや自己暗示によって、皮下出血が発生したケースもあるという。

　絶対的な神という存在が、平穏な日々を阻む原因になるとは、皮肉なものではある。

天使から聖痕を受けた聖フランシスコ
（ジョット「アッシジのフランシスコ」）

大酒飲みには薬が効きにくい

　飲酒量が多い人や薬物依存の人は麻酔が効きにくい、という話を耳にしたことはないだろうか。都市伝説に過ぎない、と言う専門家もいる。そもそも、麻酔が効きにくい体質というのは特定されていないため、個人の状態によって薬剤の種類や濃度、量が調整されるからだ。

　しかしアルコールなどの影響で麻酔の効きが悪くなる可能性はゼロではない。

　麻酔薬をはじめ体内にとり込まれる化学物質は、肝臓で分解される。その働きをするのが、シトクロムＰ４５０という酵素だ。

　アルコールもシトクロムＰ４５０によって分解されるが、大量に摂取したり飲酒が常態化していたりすると「酵素誘導」という現象が起き、分解酵素の量が増える。すると、アルコールを早く分解するように体が変化し、その結果、麻酔薬の分解も促進されて効きが悪くなってしまうのだ。

　麻酔に関しても、体内の組織が酸性に偏っていれば、効果が薄くなることがわかっている。歯茎に炎症があるときなどがその例だ。また、疲労や寝不足でも体内は酸性に傾くため、飲みすぎで体力が弱っている人は麻酔効果が低くなる。

抜歯などで麻酔をかける必要がある前の日は飲酒を避け、体調を整えるよう心がけたほうが賢明だ。

失われた軟骨は二度と再生しない

高齢者が抱える悩みの一つに「膝の痛み」がある。主な原因として、骨の表面を覆う膝軟骨のすり減りが指摘されている。

軟骨は9割以上が水分でできた組織である。弾力性に富んでおり、膝関節内で骨同士が接触しないようクッションのような役割を果たしている。

だが、加齢や肥満などにより水分や弾力性が失われると、骨同士がぶつかり痛みが生じるようになるのだ。

しかも厄介なことに、軟骨は一度ダメージを受けると二度と再生しない。皮膚なら怪我をしても自然に回復するが、軟骨にはそのような自己修復能力がないのである。

それでも世の中には、膝の痛み緩和を謳う商品が少なくない。代表は、軟骨の成分であるコンドロイチンやグルコサミンなどのアミノ酸を配合した健康補助食品だ。

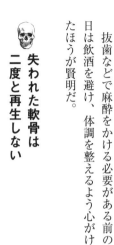

だが、その効果は疑わしいとされている。というのも、これらのアミノ酸は摂取しても体内で分解・再合成されるだけで軟骨になるわけではないのだ。

また、薬などは血液に溶けることで患部に運ばれるが、軟骨には血管が存在しない。つまり、経口摂取では、成分が軟骨にまで供給されないのである。
サプリには、過度に期待をしない方が賢明だろう。

半身浴で汗をかいても ダイエット効果はない

手軽なダイエット方法として知られる半身浴。38度程度のお湯をみぞおちの下まで張り、20～30分浸かる入浴法だ。入浴中にしっかり汗をかくことから、「エクササイズの効果があってダイエットにも繋がる」といわれていた。運動が続かない人からすれば、夢のようなダイエットだ。しかし、これは医学的にいって誤りのようだ。

確かに半身浴で大量の汗をかくと、ハードな運動をしたような気分になるかもしれないが、カロリー消費は微々たるものだ。

半身浴を１００分行っても、消費されるのはわずか16キロカロリーほど。キャラメル１個分程度に過ぎない。10分間の皿洗いで消費されるのが20キロカロリー（体重50キロの人間の場合）といわれているから、いかに少ない消費量かがわかる。

カロリーを消費するには、一定時間筋肉を動かすことが必要だ。20分のジョギングでは、約１２０キロカロリーが消費できるとされる。湯船に浸かっているだけの半身浴では、そのような効果は望めない。

汗をかいているのだから、脂肪も燃焼されているはず、と思いたくなるのも無理はないが、残念ながら、半身浴でいくら汗をかいても、排出されるのは体内の水分だけ。脂肪を燃焼しているわけではない。根本的なダイエットにはならず、いわゆる「デトックス効果」もないのだ。

患者の数をひたすらかせぐ美容整形の悪徳カウンセラー

美容整形手術をする前に、患者の希望や不安を聞き、医者に伝えるカウンセラー。医療や整形に関する知識を基に患者から要望を引き出し、その理想に近づけるため、医者に細かく希望を伝達する。それがカウンセラーの仕事だ。患者の精神に寄り添い、ときには不安も癒してくれるなど、人によっては医者よりも心強い存在である。

だが、中には患者をだしに使う悪徳カウンセラーもいる。

カウンセラーには、担当した患者の手術費用の何%かを報酬として受け取る歩合制で働く者がいる。中には自分の報酬を増やそうと、患者に意味もなく高額の手術をすすめて契約させ、執刀医には手術内容の項目しか伝えない者もいるのである。

例えば「目を大きくしたい」と一口に言っても、イメージはさまざまで要望も異なる。ところが、患者の細かい要望を無視し、「目を大きくする」という手術項目のみを医者に伝え、またすぐ次の患者に手術をすすめるのだ。人数をさばくほど自分に入るお金が多くなる、というわけである。

悪徳カウンセラーには、「契約を急がせ

る」「話をしても上の空」という特徴がある。「契約内容の説明をしつこいくらいに聞く」「すぐに契約しない」「他のカウンセラーからセカンドオピニオンを得る」などの防止策をとったほうが賢明だ。

モニター募集で悪徳業者が金銭を騙し取る手口

格安、もしくは無料でエステやダイエット商品などを試せるモニタリング。ところが、中には「モニター」という曖昧な響きを逆手に取って、金銭を騙し取る悪徳業者がいて、被害が多発しているのも事実だ。

まず、モニターの条件や規約をしっかりと読む必要がある。というのも、何に対して「無料・半額」なのか、という点に落とし穴があるからだ。

被害で多いのは、「ダイエットモニターに当選したので、無料と思って送られた商品を使っていたら、無料なのはモニタリング行為と相談料で、商品は有料だと請求が来た」というパターン。無料モニターという言葉でつい「費用はかからない」と思ってしまうが、どこにも「商品は無料」と書いていないのがミソである。

さらには「モニターの応募はハズれたけれど、サービスで商品が格安になる」というケースも多い。一度ハズレにすることで「応募者多数」というイメージをつけることができるのだ。

当たり前だが「先払い」の募集は疑うべ

きだ。特にクレジット利用をすすめるところは危険だ。

アフターフォローに注意 美容整形外科全国展開の罠

整形を決意して病院を探す際、インターネットやチラシ広告を判断材料とする人は多いのではないだろうか。「芸能人ご用達」「全国に大規模展開」と書かれているクリニックはまず安心、と判断する人も、少なからずいるだろう。しかし、そう簡単に決断するのは危険だ。

整形手術で重要なのは、医師の技術はもちろん、アフターフォローが行き届いているかどうか。残念ながら、店舗ばかりをやたらと増やし、医者とスタッフは少人数で切り盛りしている美容整形外科が存在する。10の店舗を2人や3人の医者で回転させるようなところだ。

その理由は、店舗数が多ければ「多くの医師やスタッフを抱えている」というアピールになり、信用を築けるから。利用者からすれば、多くの店舗を運営しているのだから、「それだけ手術を受けに来る人が多い」と受け取るだろう。

しかし、そもそも医師やスタッフが少ないのだから、十分なフォローは望めない。不具合が出て電話をかけても留守、出向いてみても休院というところも少なくない。

頻繁に休業をするような経営状態だったら、別の病院の方がいいだろう。

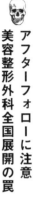

永久脱毛で肝炎になる事件が起きた

夏場を意識して、永久脱毛をする人は少なくないが、悪質なエステやクリニックも中にはあり、恐ろしい失敗が後を絶たない。

永久脱毛の主な施術法は、レーザー脱毛とニードル脱毛（針を使った脱毛）である。行えるのは、医療機関だけだ。

エステで行われているのは何かといえば、光脱毛といわれるフラッシュ脱毛やＩＰＬ脱毛、もしくは医師の資格を持たなくても使える低出力の美容レーザーによるもの。正確には脱毛ではなく、「減毛」「抑毛」であり、効果はさほど大きくない。運悪く技術や機器の使い方が未熟なエステティシャンにあたると、腫れやアザ、化膿や内出血など、大きなダメージを受けかねない。

ニードル脱毛の場合でも、深刻な被害が出ている。皮膚がケロイド状になったり、手にしびれが起きたり、長期にわたる通院を余儀なくされたケースが相次いでいるのだ。これも、技術不足や衛生管理がずさんな場合は起こりうる事件である。

さらに注意すべきなのは、肝炎だ。永久脱毛をしたあと出産した人が、母子ともにC型肝炎に感染していた事件があった。原因は断定されなかったが、可能性として考えられるのは針の使い回しである。

安い値段できれいになれると安易な気持ちで施術を受けると、大変なことになるかもしれない。

落ちない口紅を塗り続けると発ガン性物質が唇に浸透する

コーヒーを飲んだ後ベッタリとカップに跡を残すこともなく、中途半端に色が剥げた唇を指摘されることもない。そんな「落ちない口紅」が人気を集めている。

ではこの口紅が落ちないのは、いったいなぜなのだろう?

口紅は、タール系色素、ブチルヒドロキシトルエンや合成界面活性剤、酸化防止剤など、体に良くないとされる指定成分の宝庫。特に全12種類あるタール系色素は発ガン性のあるものが多く、危険性を指摘する医師は少なくない。

しかも、口紅は口に塗るので、食事すると一緒に体内に入ってしまう恐れがある。食用が禁止されている成分も、体の中に入ってしまう可能性があるのだ。

それならやはり、口に入らないように落ちない口紅を使った方がいいと思ってしまうが、それは誤り。落ちない口紅には、超高分子アルギン酸が含まれている。これが薄い膜を作り、唇の表面を覆うことで落ちないようになっている。色をつけた後サランラップで保護しているのと同じで、長時間、酸化剤やタール色素をくっつけたままの状態といえる。その間、これらの成分は唇の皮膚にジワジワと吸収されていくのだ。

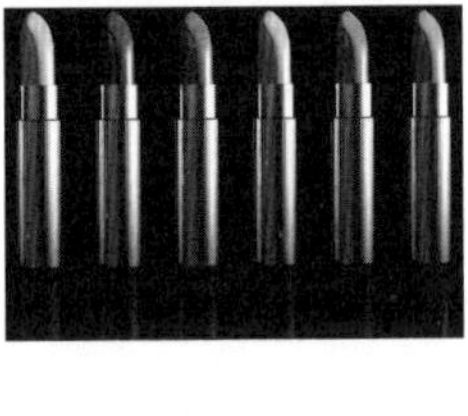

口紅をつけっぱなしで日常を過ごすということは、発ガン性物質を自らなめている状態といえる。

弱酸性の洗顔料・石鹸は肌にやさしくない

健康な肌は、pHで表現すると男性で4・5〜6・0、女性で5・0〜6・5の弱酸性。洗顔料も同じ弱酸性がいいと考えがちだが、この考え方には大きな落とし穴がある。

アルカリ性は刺激が強くて肌に悪い、と思われることもあるが、美肌に効果があるとされる温泉の多くは微アルカリだ。アトピーにいいといわれている海水も微アルカリ性である。また、アルカリ性洗顔料は古い角質が取れやすくなり、新陳代謝を良くする働きがあるともいわれている。

そもそも、人間の肌は弱アルカリ性の洗顔料で洗っても、しばらくすれば弱酸性に戻る力がある。ただ、敏感肌やアトピー肌の人は、弱酸性に戻るのに時間がかかる可能性がある。これが、「アルカリ性は刺激が強い」と嫌われ、「弱酸性が肌にやさしい」と思われる一因だろう。

「弱酸性は優しい」というイメージを利用して、メーカーはさまざまな合成物質を入れて調整する。例えば普通の石鹸は、弱アルカリ性が大部分を占める。これを弱酸性にするために、地肌を傷つける合成界面活性剤が入れられているのだ。肌にやさしくない商品はこうして量産されていく。

意味なく高価なノンシリコンシャンプー

一時、大いにもてはやされたノンシリコンシャンプー。「シリコンが入っていないからふんわりサラサラに仕上がる」と宣伝されたが、シリコンは決して髪を傷める成分ではない。

シリコン入りのシャンプーで髪を洗うと「ふんわり感が損なわれる」ような気になる人がいるが、それはキューティクルを保護するためにシリコンが髪をコーティングしているからだ。「サラサラ感がない」と感じるのも、実際にはコーティングによって湿り気を保持しているに過ぎない。

そもそも、シリコン自体が髪や頭皮に悪影響を及ぼすというのは大きな誤解であり、傷口の治療に使われるなど、本来は体に全く害のない物質なのだ。

むしろ、シリコンが含まれていないとキューティクルが失われ、髪がキシキシしたり、パサついたりする恐れがある。ノンシリコンシャンプーはシリコン以外の成分で補うが、安価な素材を使って髪をサラサラにしているに過ぎない。髪にいいとは決して言えないような代物だ。

シリコンは1キロ4000円とシャンプーに使われる成分の中では高価だが、高価なノンシリコンシャンプーよりはずっと髪にやさしい。高価なノンシリコンシャンプーは無駄に成分が多いだけかもしれない。値段に騙されないよう注意したい。

歯磨き粉は
アレルギーの原因になり得る

虫歯予防には欠かせない歯磨き。ブラッシングの際に、ほとんどの人は歯磨き粉を使うだろう。だが、この歯磨き粉で、アレルギー反応が起こるケースがあることをご存じだろうか？

歯磨き粉には殺菌作用のあるフッ素や、味を付ける香味料、また保湿剤などが含まれている。そのいずれもが、アレルギーを引き起こす可能性が高いとされる物質だ。

特に、歯磨き粉を泡立たせるために加えられるラウリル硫酸ナトリウムは、甘みを感じる味蕾《みらい》を数分間麻痺させるほどの作用を持つ。歯磨きをした後にジュースなどを飲むと、味が変わったように感じるのはこの物質が原因だ。

歯磨き粉によるアレルギー症状としては、主に舌や唇の腫れや口内炎などだが、反応が強ければ顔や全身に発疹が生じ、人によっては呼吸困難に陥る危険もある。

歯磨き粉は飲み込まないから大丈夫、と思う人がいるかもしれないが、それは間違い。舌の裏側にあたる舌下は、薬品が非常に吸収されやすい場所だからだ。薬を急速に必要とする場合に服用する舌下錠もあるほどだから、飲み込まないからと言って、体に影響を与えないとは限らない。

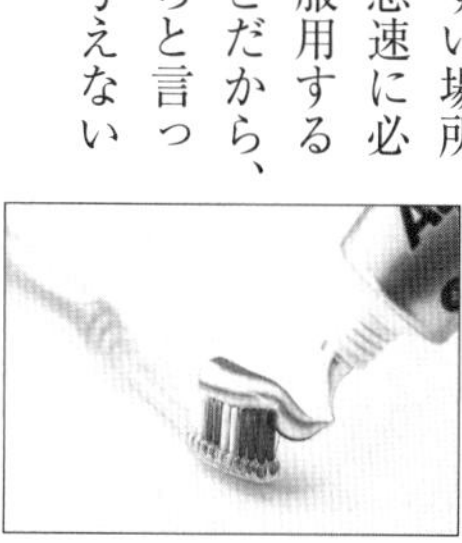

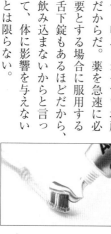

歯磨き粉も舌下から吸収されやすいため、注意が必要だ。アレルギー体質の人は、歯磨き粉の成分にも注意した方がいいだろう。

淡水魚を生で食べると寄生虫の被害に遭う可能性大

四方を海に囲まれた日本では、昔から生の魚を食べる文化があり、さまざまな魚が刺身にされている。だが、中には決して生で食べてはいけない魚がある。河川に生息するイワナやアユなどの淡水魚だ。

マグロやタイなどの海水魚は基本的にプランクトンや小魚をエサにするが、淡水魚の場合は苔や藻の他、貝類や川に落ちた虫などを捕食する。寄生虫は、これら貝類などに潜んでいることが多く、加熱処理をしないで摂取すると、体内で生きたまま活動を始めることになる。

例えば、アユやシラウオを宿主にする横川《よこがわ》吸虫《きゅうちゅう》が人体に入れば、下痢や腹痛の原因となる。ドジョウやヤマメに潜む顎口虫《がっこうちゅう》が体内に侵入すると、幼虫のまま皮下を移動するため、皮膚がミミズ腫れのような炎症を起こしてしまう。眼球や脳にまで到達すれば最悪の場合、失明や脳炎など重大な症状を招くこともある。そのため、淡水魚は必ず火を通して食べる必要があるのだ。

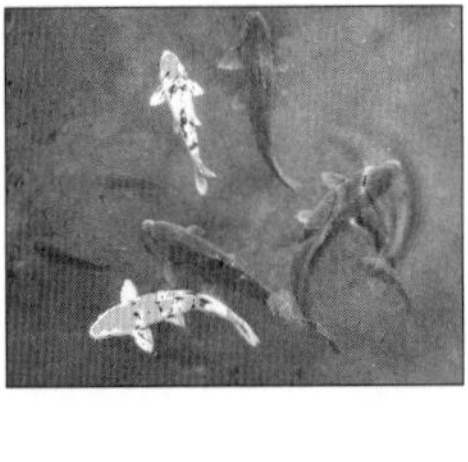

ちなみに、コイも淡水魚だが、「コイの

洗い」のように生で提供する店もある。刺身専用に養殖で育てられたものであるため、寄生虫のリスクは少ないという。

加熱用の牡蠣の方が生食用の牡蠣より美味

牡蠣《かき》は、冬の味覚として重宝される食材の一つだ。スーパーには生食用と加熱用の牡蠣が販売されているが、一般的には生食用の方が新鮮で美味だと思われている。だが時期や産地によるものの、実際には加熱用の牡蠣の方が、より濃厚でクリーミーな味わいがあるのだ。

生食用と加熱用の違いは、鮮度ではなく牡蠣が獲れる海域にある。生食用は主に沖合で育ったもので、人の生活圏から離れているぶん有害物質が入る可能性が低い。だが、エサになるプランクトンなども少ないため、身は小さくなりがちだ。また、生食用の牡蠣は滅菌のために2日ほど断食させて腸内を浄化する作業がある。この過程で牡蠣から旨味が抜け、もともと小さい身がさらに痩せて水っぽくなってしまうのだ。

一方、加熱用の牡蠣は沿岸部で獲られることが多いが、こちらは川から流れてくるさまざまな栄養をエサにできるため、肉厚で旨味の詰まった牡蠣に育つといわれる。ただ、生活排水などの有害物質も含まれや

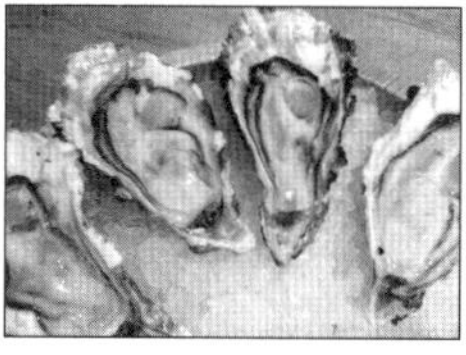

すく、そのために加熱処理が必要となってくる。美味しさで選ぶなら加熱用の方がいいわけだが、食中毒となる恐れがあるため、生食は絶対に避けていただきたい。

タウリン1000ミリグラムは牡蠣1個分

栄養剤の広告で、「タウリン1000ミリグラム配合！」という文言が見られる。いかにも疲労回復に効果がありそうだが、残念ながら配合量は大したものではない。

タウリンとは、脳や心臓、肝臓や血管など人体のあらゆる場所に存在するアミノ酸の一種。血圧の調整や肝臓の解毒作用の強化など、生命維持に欠かせない物質だ。

とはいえ摂取が難しいわけではなく、1000ミリグラムを摂取するには、牡蠣を1～3個程度食べれば事足りる。ヤリイカ半杯分でも、同量の摂取が見込める。

そもそも、肝心の疲労回復に効くかといえば、少し疑問符が付く。というのも、タウリンには交感神経を抑制する働きがあるとされており、エネルギッシュになるより、気分を鎮める作用があるのだ。

栄養剤の宣伝などでも「1000ミリグラム配合」と謳ってはいるが、具体的な効能までは記していない。それに1000ミリグラムと表記されると多いように感じるが、要はわずか1グラムである。この桁数の大きさもあいまって、効果があるように思い込まされるのかもしれない。

肉のランクA5は味と関係ない

牛肉の格付けで、最高級とされる「A5ランク」。ところが、このランクが高いからといって、味の質が保証されているわけではないのだ。

「A5」の「A」は、肉の「歩留《ぶどまり》等級」を表している。歩留とは、その肉牛がどれだけ太っていて、多くの枝肉《えだにく》が取れるかを示す基準で、AからCの3段階に分かれている。そして、Aというのは太っていて枝肉量が多い、つまり食べられる部分が多い肉牛ということになる。

数字の「5」は肉質のランクのことで、1から5までの数字で表され、脂（サシ）の入り方・肉の色・質感によってつけられる。すなわち、「A5ランク」は肉牛が太くて、なおかつ脂や赤身の色も美しい肉である、というわけだ。

とはいえ、消費者にとっては、肉質が同じであれば肉牛の違いは関係ない。そのため、A5もC5も同じということになる。

また、脂が多くて柔らかいA5ランクの肉ではなく、赤身が多く、しっかりと歯ごたえのある肉の方が美味しいと感じる人もいるだろう。そんな人には、4ランクや3ランクの方が、口に合うかもしれない。

値段が高いため勘違いしやすいが、A5とC5で値段が大きく異なるのなら、C5を選んだほうがお得に美味しく食べられる。

成型肉は細菌が内部まで浸透している危険あり

「格安ステーキ」に「激安ハンバーグ」。そんな宣伝文句を見れば、つい手が伸びてしまうかもしれない。しかし、あまりに安い牛肉には注意が必要だ。なぜならそれが、「成型肉」の可能性があるからだ。

　成型肉とは、コストを抑えるために骨周辺のくず肉や内臓肉を固め、人工的に作った肉のこと。当然、そのままでは味も見た目も悪いので、軟化剤やビーフエキス、カラメル色素などの食品添加物が用いられている。また、霜降り肉のように見せるため、注射器を１００本ほど使って一斉に牛脂を打ち込む、「インジェクション加工」という技術もある。

　成型肉自体は、ＪＡＳ規格に基づいた合法的なものだが、加工現場では針や刃で肉を切り込む作業があるため、菌が肉の内部にまで浸透する危険がある。実際、これまでにも、ステーキレストランチェーンで、成型肉を使用した加熱不足のステーキを食べて食中毒になり、重篤な症状に陥った事案が見られる。

　スーパーでは「成型肉」の表示が義務付けられているが、レストランでは「やわらか加工」などと表記するケースも見られる。そのため、消費者庁では、加工された肉を食べる際は「肉の中心まで十分加熱されているか」の確認を促している。安すぎる肉をレアで食べるのは、絶対に避けるべきだ。

エビのしっぽと ゴキブリの羽の成分は同じ

スナック菓子のように、揚げればカリカリと香ばしいエビの尻尾。食べるか食べないかは人それぞれだが、食べる派の人にとってありがたくない事実がある。尻尾の成分は、ゴキブリの一部と同じである。

エビの尻尾の主成分は「キチン質」という、ゴキブリの羽と同じ成分だ。成分だけを見れば、エビの尻尾を食べるのも、ゴキブリの羽を食べるのも、同じである。

想像すると嫌になるかもしれないが、ご安心を。キチン質はカニの甲羅《こうら》、昆虫のトンボやカブトムシの表皮や外骨格《がいこっかく》にも含まれている。健康を害するわけでもなく、それどころか、エビの尻尾は美容健康に役立つ成分が豊富なのだ。

キチン質には悪玉コレステロールをはがし、血中に流す働きがある。骨の強化に必要なカルシウムや食物繊維も豊富だ。さらにはエビの赤色を作っている天然色素「アスタキサンチン」は眼精疲労を改善し、動脈硬化予防などが期待されている。食べすぎると消化不良になる可能性があるが、量に気を付ければ、健康効果を期待できる。

また、食用だけでなく、「キチンナノファイバー」という、鋼鉄並みの硬度を持つ極細繊維の原料としても注目されている。

天ぷらやフライなど、高温で揚げたり焼いたりすれば安全なので、食べ残さずに全部平らげることをおすすめしたい。

緑黄色野菜に含まれるβカロテンの過剰摂取は危険

カボチャやニンジンなど緑黄色野菜に多く含まれるβカロテン。ビタミンAに転換され、皮膚や粘膜の健康維持やさまざまな細胞の増殖などに寄与するとされる。また、老化や動脈硬化を防ぎ、ガンの予防にも効果が期待できるともいわれている。

しかしその一方で、βカロテンを過剰に摂取すると、ガンを促進してしまうという研究結果もあるのだ。

1994年にフィンランドで行われた研究によると、男性喫煙者にβカロテン20ミリグラムとビタミンE50ミリグラムを毎日投与したところ、その後5年から8年の間に肺ガン罹患率が18％上昇した。

また、βカロテン30ミリグラムとビタミンA7・5ミリグラムを毎日投与された喫煙者らを平均4年間の追跡調査した結果、肺ガン罹患率が28％上昇したと、アメリカ国立ガン研究所が発表している。

とはいえ、日常生活で摂取する量であれば、人体に悪影響が及ぶことはほとんどない。一般的な食事で摂取するβカロテンは1日2〜3ミリグラム程度だが、一連の臨床試験ではその10倍以上を摂取している。

もちろん、通常レベルの摂取量では問題はないものの、健康意識に高じてサプリメントで過剰に摂取すると、悪影響を及ぼす可能性はある。極端な食生活をしないよう、注意するに越したことはない。

ハチミツは乳児の命を奪いかねない

わずか500グラムで全人類を死滅させることのできるボツリヌス菌だが、気をつければそこまで危険度は高くない。毒素をつくる前のボツリヌス菌やボツリヌス菌芽胞は腸内細菌によって駆除されるので、体内に入っても問題はないのだ。

しかし、生後1年未満の乳児がある食品を口にすると、ボツリヌス菌に体を攻撃される恐れがある。その食品がハチミツだ。

ハチミツはボツリヌス菌芽胞《がほう》の混入している比率が高く、日本では国産製品の5〜10%から検出されたというデータがある。

成人であれば食べても問題はないが、生後1年未満の乳児は腸内細菌の環境が整っていない。腸に達したボツリヌス菌や芽胞が腸内細菌に邪魔されることなく繁殖し、毒素を出してしまう可能性があるのだ。

2017年には東京でハチミツをなめた生後6カ月の男児が亡くなる事故も起きている。その危険性から、厚労省や消費者庁は1歳未満の乳児がハチミツをとることを控えるよう通達を出している。

ただ、毒素をつくる前のボツリヌス菌に対しては、それほど神経質になることはない。それどころか、ハチミツは美容や健康に効果があるとされているの

で、1歳以上の子どもや大人にとっては、適度に食べれば体にいい。

ノンアルコール飲料でも酔うことがある

お酒が好きだけど、車の運転や健康診断が控えている。そんなときにノンアルコールビールを飲む方もいるかもしれない。しかし、ノンアルコールと表示されていても、飲みすぎると酔ってしまうことがある。

酒税法では、アルコールの含有量が1％未満だと酒類にならない。つまり、アルコール度数0・9％の飲料は、ノンアルコールと表示することが可能になる。そうなると、アルコール5％350ミリ缶1本を飲むのと0・9％のノンアルコール350ミリ缶5本を飲むのは、ほぼ同じ。ノンアルコールでも飲みすぎれば酔ってしまう可能性はあるのだ。

一方で最近では、まったくアルコールが含まれていない場合は「アルコール度数0・00％」と表記する商品が増えている。こちらは飲んでも酔わないため、車の運転は可能だ。

だが、アルコールが入っていないのに、「飲んだ気になってしまう」こともある。飲んでいるうちに脳が過去の記憶を思い出し、酔ったような気分になることがある。これを「空酔い」といい、いわば脳が勘違いをしてしまうのである。

気分だけなら問題はないが、飲んで「声

が大きくなる」「人に絡む」「乱暴になる」といった癖が出てしまう人も中にはいるので、酒癖の悪い人はご注意を。

ヨーグルトは朝よりも夜に食べる方が効果がある

健康のために、毎朝ヨーグルトを食べている人も多いだろう。確かにヨーグルトは腸の健康を保つのに役立ち、免疫を高める効果も期待できる。しかし、ヨーグルトは朝よりも、夜に食べる方が断然効果があることをご存じだろうか？

ヨーグルトが整腸作用に役立つのは、乳酸菌やビフィズス菌など、いわゆる「善玉菌」が多く含まれているためだ。

しかし、善玉菌は胃に到達したとき、胃酸によって死んでしまうことがある。特に空腹時は胃の酸性度が高いため、善玉菌をとりこんでもほとんどが死滅して、腸まで届かない。

つまり、胃の中が空っぽの状態でヨーグルトだけを食べても、善玉菌は生きたまま腸に届かないことが多いのだ。

しかも、朝は一日の中でもっとも胃がきれいな状態。そんなときに胃に入れれば、すぐに消化されてしまう。ヨーグルトの効果を高めるにはパンや野菜の後に食べる、もしくは夜の方がいいわけだ。

善玉菌の死体は腸にいる善玉菌の餌となって活動を助けるが、どうせ取り入れるなら、腸まで届く時間帯を選びたい。

レタスは野菜の中で一番食物繊維が少ない

昨今の健康食品には、「レタス○個分の食物繊維が含まれます」といったキャッチコピーがよく見られる。食物繊維は、便通改善などに効果がある栄養素で、日本人に不足しがちだといわれている。

確かにレタスは、そのシャキシャキとした歯ごたえから、食物繊維が豊富な野菜と思われるかもしれない。だが、実のところはそのほとんどが水分で、100グラム中に含まれる食物繊維量はわずか1・1グラム。1個分でも2・5グラムがいいところだ。1日に摂るべき食物繊維量は男性で約20グラム以上、女性で18グラム以上といわれているから、摂取目標を達成するには8個も食べる必要があるのだ。

レタスが健康食品の宣伝文句に多用されるのは、食物繊維の含有量を多くみせるために過ぎない。例えば、ゴボウは100グラム中に5・7グラムとレタスの5倍以上の食物繊維が含まれている。だが、もし同じ商品でも「レタス5個分の食物繊維」と「ゴボウ1本分の食物繊維」なら、手に取るのは前者ではないだろうか。数字のカラクリとは恐ろしいものである。

生卵を食べるのは日本人だけ

卵かけご飯や月見うどん、牛丼のトッピ

ングなどで、生卵は当たり前のように食されている。ところが、卵の生食は日本独自の食文化で、外国ではとても危険な行為として認識されている。

その理由は、鶏の腸内に常在するサルモネラ菌にある。サルモネラ菌は、産卵時に卵の殻などに付着する恐れがある。人に感染すれば下痢《げり》や嘔吐《おうと》などの食中毒症状を引き起こす可能性が高い。アメリカなどでは生卵の提供を禁止するレストランもある。

日本では生卵を食べてもサルモネラ菌に感染したという話はほとんど聞かないが、それもそのはず、世界トップクラスの衛生管理が行き届いているからだ。

日本では、生まれた直後の雛《ひな》にサルモネラ菌をはじめとしたさまざまな感染症予防のワクチン接種を行う。卵にしても、温水や塩素系消毒薬で殺菌消毒するなど、徹底した安全対策を行っている。

ただ、購入後に卵が水に濡れたり、ひびが入ったりするとそこから菌が入る場合もあるので注意が必要だ。

ちなみに、日本の卵の賞味期限は約2週間だが、それは「卵を生で食べられる期限」を表したもの。海外では「卵は加熱調理するもの」という前提があるため、1カ月以上の期限が設けられるのも珍しくはない。

病気を引き起こしかねない ペットフードの安全基準

ペットを飼っている人なら、誰もがその

健康を願うはずだ。健康を維持するには毎日の食事が重要なのは言うまでもないが、店頭に並ぶペットフードの中には、とんでもない粗悪品も存在する。

例えば、コスト削減のため肉の含有量を減らし、小麦やトウモロコシなどでかさ増しした商品。本来、肉食の犬や猫にとって、これらの原料はアレルギーや虫歯の原因となる可能性がある。

また、商品に「畜産副産物」などの表示があれば、これも注意が必要だ。畜産副産物とは一言で言えば「肉の余りもの」で、家畜の頭や骨、血液、内臓などを指す。その中には糞や尿が混ざっている可能性もあり、そこに潜む病原菌から重篤な病気を引き起こす可能性もあるという。

さすがにこれではまずいということで、日本では2009年に「ペットフード安全法」が施行され、枯葉剤のDDTやカドミウムなどの有害物質の使用には上限規制が設けられた。

だが、これで安全性が確立されたとは言いがたく、甲状腺に異常をきたす恐れのある「赤色2号」や「赤色102号」など、アメリカでは食品への使用が禁じられている合成着色料が、使われ続けている。

ペットの健康を考えるなら、飼い主は成分表示もしっかり確認しなければいけない。

生まれる前にオスが全滅する動物がいる

生物の本能の一つに「自らの種の存続」があるが、中には命を捨ててまで、この行為に臨む動物がいる。それが、オーストラリアなどに生息するアンテキヌスのオスだ。アンテキヌスは体長10センチ程度（尻尾を除く）で、ネズミに似た可愛らしい容貌の有袋類。だが、その見た目とは裏腹に、彼らの一生は壮絶の一言に尽きる。

アンテキヌスのオスは年に一度の繁殖期に入ると、複数のメスを相手に何と10時間以上も交尾を行う。あまりにも行為に没頭するため、男性ホルモンである「テストステロン」

オーストラリアに棲息する有袋類アンテキヌス

の血中濃度が高まり、これが引き金となってストレスホルモンが急増。その結果、体内の免疫機能が低下し、毛が抜け血管が破壊される状態になるという。

それでも彼らは死に物狂いで精子を放ち、文字どおり精根尽き果てて息絶えていく。

彼らがこのような自殺まがいの生殖活動を行うのは、生後10カ月程度で精子の生成が止まってしまうためだともいわれている。

ちなみに、メスの方はオスの死後もたくましく、2年間は生き続ける。

アリは互いに協力なんてしない

人間にとって身近な昆虫であるアリ。集

団生活を営むことでも知られており、エサを仲間と分担して運ぶ姿をよく目にする。そのチームワークの良さから、アリは互いに協力して生きているという印象がある。

ところが、最近の研究でこのイメージを覆す事実が明らかになった。実は、アリは協力どころか互いに監視し合い、ルールを破った者を処罰する習性があるというのだ。

集団において、エサを集めるのは働きアリの役目だが、その働きアリは全てメスである。彼女たちはひたすら働くだけで、産卵を行うのは女王アリのみ。つまり、メスアリの社会では、産卵と労働の役割分担が明確に決められているのだ。もし産卵する働きアリがいると、他のメスアリが集団で産卵を妨害したり、卵を破壊したりするなどの行動に出るという。

残酷なようだが、これにはアリ社会の厳しい事情がある。

もし働きアリが産卵すると、幼虫を育てることに労力を奪われ、そのぶんエサの供給力も低下する。その予防措置として、制裁という習性が生み出されたと考えられている。アリ社会も人間同様、シビアな面があるようだ。

白鳥は人間を殺す力を持っている

大空を華麗に舞い、水面を優雅に泳ぐ姿が印象的な白鳥。河川などに飛来すると、思わずカメラに収めたくなるが、あまり彼らに近づくのは禁物だ。なぜなら白鳥には、その優美な外見に似合わず、凶暴な一面があるからだ。

実は、繁殖期に入った白鳥はとても警戒心が強くなるため、近づくと容赦なく敵に噛みつく。また、白鳥は体長が約150センチと鳥類の中では大型で、そのぶん翼の力が発達している。白鳥が威嚇のために翼を広げれば、全長は2メートル以上にもなる。

そのため、まともに翼で殴打されれば、大怪我は避けられない。

実際、北海道苫小牧《とまこまい》市のウトナイ湖では、バードウォッチャーが白鳥に殴られて骨折する事故が起きている。さらに海外では、白鳥が翼で人間を殴打して気絶させたのみならず、水中で頭の上を押さえつけて殺害した例も報告されているのだ。

ただ、だからといって、白鳥を乱暴な鳥だと決めつけることはできない。白鳥はいったんつがいになると、生涯その相手と添い遂げるといわれ、夫婦の絆が強い鳥としても知られている。彼らが互いの愛を育む時期にアグレッシブになるのも、当然の反応なのかもしれない。

人を襲う白鳥（©松岡明芳）

シャチは獲物を海面に叩きつけていたぶり遊ぶ

　海洋の最強生物の異名を持つ大型哺乳類、それがシャチだ。シャチはクジラの一種で、体長はおよそ6〜9メートル。全ての歯は円錐状で、食いちぎることに特化され、約2メートルある背びれは獲物の殴打に使われるなど、戦闘能力は極めて高い。

　その戦闘能力ゆえにだろうか、シャチには他の動物には見られない奇妙な習性がある。捕えたアザラシやセイウチなどの獲物を投げ飛ばしたり、海面に叩きつけたりするのだ。

　その姿はインターネットに投稿された動画などで確認できる。獲物をいたぶっているようにしか見えないが、子どもに狩りを教える目的があるのでは、という説がある。獲物を衰弱させることで、子どもが安全に捕獲の練習をできるようにしているわけだ。獲物にすれば踏んだり蹴ったりだが、目的はあくまで練習なので、エサにする必要がなければ獲物をそのまま放置することもあるという。

　実際、シャチが一度捕えたアザラシを陸上に投げ戻した例や、シャチの噛み跡が多く残ったミンククジラが、生きたまま発見された例もある。獰猛《どうもう》なシャチの攻撃から逃れることは至難の業《わざ》なので、最初から狩りの練習台として、シャチはミンククジラを狙った可能性もある。

2章 歴史・地理編

相撲の原型は命の奪い合いだった

日本の国技ともいわれ、神事としての性格も持っている相撲。だがそのルーツは、国技と呼ぶにはあまりにも残酷な、殺し合いであったようだ。

『日本書紀』によると、日本初の相撲が行われたのは紀元前23年頃とされる。対戦したのは大和国（現奈良県）の當麻蹶速《たいまのけはや》と出雲国（現島根県）出身の野見宿禰《のみのすくね》。蹶速は怪力の持ち主で、彼自身も「自分と互角に力比べできる者がいれば、是非手合せ願いたい」と豪語していた。そこで、ときの垂《すい》仁《にん》天皇が勇猛で知られた野見宿禰を呼び寄せ、「天覧試合」を行わせたのである。

両者は「各《おのおの》足を挙げて相蹶《あいふ》む」、つまりキックの応酬で戦ったとされる。結果は野見宿禰の勝利。それは蹶速の腰骨を踏み折って殺害するという陰惨な内容であった。宿禰にお咎めはなく、それどころか褒美に蹶速の土地を与えられている。

この記述に基づけば、初期の相撲は「戦闘のための武術」という性格が強かったと考えられる。その後相撲は「殴る」「蹴る」

江戸時代に描かれた相撲の錦絵（「勧進大相撲八景・三ツ鱗・御用木・勧進大相撲八景稽古之図　越の海・荒馬・柏戸」部分／国会図書館所蔵）

などが禁じ手とされ、武術から技芸へと洗練されていった。

ちなみに宿禰が賜った地は奈良県香芝《かしば》市の良福寺界隈とされ、その名も「腰折田《こしのおれだ》」であったと伝えられる。

神武天皇陵は誰が埋葬されているのか不明

奈良県橿原《かしはら》市には、初代神武《じんむ》天皇の御《ご》陵《りょう》とされる場所がある。だが、実際には誰が埋葬されているか不明だし、古墳ですらないという記録も残っている。

『古事記』や『日本書紀』には、神武天皇陵は畝傍山《うねびやま》近辺にあると記されている。中世に入って所在地はわからなくなったが、江戸時代になると何度か調査が行われ、1863年に畝傍山に近いミサンザイが陵墓だとみなされ修復された。これが、現在の神武陵である。

だが、それ以前のミサンザイは、田んぼの中にある小さな塚に過ぎなかった。当時の様子を描いた絵図も残されているし、「もともとは糞田と呼ばれていた」とする土地の古老の話も残っている。

そもそも、神武天皇の存在自体が疑問視されている。日向国（現宮崎県）から大和国（現奈

奈良県橿原市の畝傍山にある神武天皇陵

良県）に入り、橿原《かしはら》の地で即位したとされるが、即位の年は今から約2650年前。そんな時代に日本に王朝が存在したとは考えがたく、根拠となりうる遺跡や土器は発掘されていない。普通に考えれば神武天皇の古墳であるはずはないのだが、管理する宮内庁が発掘調査を許可していないため、真相は藪の中である。

平城京から大人のオモチャが出土していた

遺跡からの出土品といえば、木簡や調度品などをイメージしがちだが、中には発掘した人が思わず赤面するような代物も見つかっている。

例えば、奈良県の平城京からは、現在でいう「大人のオモチャ」が出土したこともある。それは女性用の自慰道具で、男根をかたどった「張《はり》形《かた》」と呼ばれるものであった。

張形は、ウドカズラというブドウ科の植物で作られていた。直径約3センチ、長さ18センチほどの筒で、やや反り気味の形状をしていたという。

張形の根元には穴が開いており、そこに紐を通して使用していたと推測されている。

復元された平城京朱雀門。平城京跡は現在国営の公園として整備されている。（© KENPEI）

張形が出土した場所は、大膳寮《だいぜんりょう》という宮廷の食事を司る官庁のゴミ捨て場であった。大膳寮は采女《うねめ》と呼ばれる独身の女官が60人以上働いていた場所で、江戸時代の大奥同様の、いわゆる女の園だ。

奈良時代の基本史料である『続日本紀《しょくにほんぎ》』によると、当時の宮中では貴族たちが昼夜を問わず性行為を営んでいたという。出土品から察するに、彼らの奔放さを横目に、悩ましい想いに駆られた女官が少なからずいたということなのかもしれない。

とんでもない破戒僧だった実在の一休さん

一休さんこと一休宗純《そうじゅん》といえば、テレビアニメやとんち話を思い浮かべる人も多いだろう。しかしそのイメージは、実在した一休とは全く異なる。史実の一休さんは、とんでもない破戒僧として人生を送っていたのである。

室町時代の僧侶・一休宗純

臨済宗《りんざいしゅう》の禅僧だった一休は、27歳のときから自由気ままな生活を送った。僧侶にして酒を飲み、肉を食べ、男女を問わず性交渉も持つという破天荒ぶり。風変わりな格好をして街を歩きまわり、正月には杖の頭にドクロをしつらえて、「ご用心、ご用心」と叫びながら練り歩いたという。晩年には森侍者《しんじしゃ》という盲目の旅芸人と出会い、生涯を通して同棲生活を送っている。このとき一休は76歳、森侍者は20代後半だった。

なぜ、一休はこのような行動をとったのか。室町時代後半になると、名門寺院の禅僧たちは権力におもねり、修行や仏法をおざなりにしていた。こうした状況に対し、一休は奇行を世間にさらすことで、堕落した禅僧を痛烈に批判したともいわれている。

ちなみに、一休は87歳で死を迎えたが、臨終の際に残した言葉は「死にとうない」だったという。

女城主・井伊直虎は男だった？

大河ドラマの影響で、「井伊《いい》直虎《なおとら》」は「女城主」として名が広まった。だが近年は、直虎が男性だった可能性が指摘されている。

直虎女説は、『井伊家伝記』という僧侶の記録と、江戸幕府がつくった『寛政重《かんせいちょう》修諸家譜《しゅうしょかふ》』に基づいている。ただこれらに記されているのは、「井伊直盛の娘は次《じ》郎法師《ろうほうし》と名乗り出家した」「父と婚約者の死後に女城主になった」という情報で、直虎＝女だと記していない。しかもいずれも後世の史料で、『井伊家伝記』は誤りが多い。

にもかかわらず直虎が女性だとされてきたのは、井伊家に「次郎直虎」を名乗る人物がいたから。「次郎」が共通することから、両者は同一人物だと考えられたわけだ。

この通説に疑問を呈したのが、井伊美術館の井伊達夫館長だ。

館長は井伊家家老によって1735年にまとめられたという写本を紹介した。この史料には、跡取りがいなくなった井伊家の領地を、今川家が関口氏経《せきぐちうじつね》の息子に与えたとある。氏経の息子が名乗った新名は「井伊次郎」。この次郎こそが直虎だったと井伊館長は指摘する。

また館長は、井伊家重臣が残した『河手家系譜』が、井伊直虎を跡継ぎ、次郎法師を直盛の娘と扱っていたことも紹介した。

謎に包まれてきた直虎という存在のベールは、近い将来はがされるかもしれない。

川中島の戦いのハイライト
謙信と信玄の一騎打ちの真相

上杉軍と武田軍が数回にわたって衝突した「川中島の戦い」。その中でもっとも有名なエピソードといえるのが、謙信と信玄の一騎打ちだ。小説やドラマではお馴染みの描写だが、近年ではこの一騎打ちが嘘だった、という説が有力である。

一騎打ちを伝えるのは、武田家家臣の末裔・小幡景憲《おばたかげのり》が江戸時代初期に編纂したとされる『甲陽軍《こうようぐん》鑑《かん》』だ。武田家の戦歴や戦法を記録した軍学書で、川中島の戦いのエピソードの多くはこの書に依る。

問題は、この

長野市の川中島古戦場史跡公園にある武田信玄と上杉謙信の一騎打ちを表現した銅像

『甲陽軍艦』に誤りが多く、史料価値が決して高くない点にある。川中島の有名なエピソードも、研究者によって多くが否定されているのが現状だ。

そもそも謙信は、上杉軍の総大将にして当主である。当時の常識からすれば、もっとも安全な最後尾で指揮を執るのが普通であり、陣頭指揮をしたとは考えがたい。史料自体の信憑性の低さもあって、史実だったとは考えにくい。

では、一騎打ちはまったくの脚色なのかといえば、どうもそうでもないらしい。別の武将だったとする説や、川中島ではなく「御幣川《おんべがわ》の戦い」で信玄と上杉方の兵が衝突したとの説がある。『甲陽軍鑑』のすべてがでたらめというわけではないため、他の史料と比較して整合性がとれれば、新しい歴史像が浮かび上がるかもしれない。

大坂夏の陣で死んだ？ 徳川家康の墓が大阪にある

江戸幕府初代将軍の徳川家康は、遺言に従って静岡市の久能山東照宮《くのうざんとうしょうぐう》に葬られた。その後、日光東照宮に移されたと伝わる。

実は大阪府堺市の南宗寺にも、「家康の墓」がある。墓石に「東照宮徳川家康墓」と刻まれているのだ。しかもこの家康は、１６１５年の大坂夏の陣で討ち死にしたのだという。

『南宗寺史《なんしゅうじし》』は、家康が大坂夏の陣で敗れてかごに乗って逃走する途中、敵将に槍でかごを突かれ、堺に落ち延びる頃には事切れていた、と伝える。この遺骸が寺内にある開山堂の縁の下に隠され、のちに改葬されたという。現在の墓は、1967年に伝説に沿って建てられたものだ。

大坂夏の陣の直前に堺は豊臣方に焼き払われ、南宗寺も焼失していたため、普通に考えれば伝説の信憑性は低いが、家康伝説の影響は無視できない。

例えば、史実かどうか不明だが、2代将軍秀忠と3代将軍家光が1カ月の間に続けて南宗寺を訪れた記録が

史実では、徳川家康は1616年まで生きて、のちに日光東照宮に祀られた（大阪城天守閣所蔵）

残っている他、開山堂跡にある無名塔の銘文は、幕末の幕臣・山岡鉄舟《てっしゅう》筆と伝わっており、「この無名塔を家康の墓と認める」と記されている。

また、太平洋戦争時に焼失したものの、境内には東照宮が建てられていた。

伝説に真実が含まれていたら歴史を覆すことになるが、果たしてどうだろうか。

実は卑怯者だった？
宮本武蔵

「二刀流」を完成させたことで有名な宮本武蔵。数多くの小説や映画などで取り上げられ、現在でも人気が高い。一流の剣豪として描かれることが多いが、逆に手段を選

ばない狡猾な人物だったという逸話もある。
　1604年に京都で最強とされていた吉岡一門の当主清十郎に勝負を挑んだときのこと。武蔵は決められた時刻にわざと遅れ、相手のイラ立ちを誘って勝利する。続く清十郎の弟伝七郎との試合でも、同じ方法で勝ちを収めた。これに激怒した吉岡一門は、100人にも上る門弟を揃え、鉄砲や弓といった飛び道具も準備する。すると、これを知った武蔵は敵の現れるのを木陰で待ち伏せ、門弟が揃ったのを見届けると、真っ先に少年だった清十郎の息子又十郎を斬り捨て、さっさと逃走したという。

巌流島の戦いの様子（歌川国芳「岸柳島報讐図（部分）」）

　また、佐々木小次郎と戦った「巌流島《がんりゅうじま》の決闘」でも、武蔵は約2時間遅れで到着した。しかも、「遅いぞ武蔵！」と叫んだ小次郎に、「小次郎敗れたり！」と勝利宣言。これに冷静さを忘れた小次郎は、武蔵の木刀で脳天を叩き割られたのだという。
　ただし、いずれも『武公伝』という後世の逸話集が出典で、信憑性は高くない。そもそも武蔵の同時代の史料は少なく、人物像はよくわかっていない。それなのにこれだけ卑怯者エピソードが多いのは、酷といえば酷な話である。

江戸時代には女性を遊女にする刑罰があった

江戸時代の日本では、共犯者でなくても罪人の妻や子どもというだけで、罰を与えられることがあった。そうした身内への刑罰を連座という。そのうち、妻を対象としたものの一つに「奴《やっこ》」がある。

奴の刑に処された女性は、一旦牢屋に留め置かれる。身元引受人が来れば牢から解放されるのだが、ここでの引受人は親族や友人などではない。働き手を求める武家や庄屋からの使いだ。ただし名家が引き取り手となることはあまりなく、女性を貰い受けた多くは遊郭からの使いだった。

遊郭からすれば、無料で遊女を補充できる絶好の機会。しかも、奴上がりの女性には、賃金を払わずどれだけ過酷な労働条件を強いても許された。この悪条件は遊郭だけでなく、武家や庄屋に引き取られた女性の場合も同じである。

さらに、この刑は当初、女性の解放期限が定められていなかった。通常の奉公人なら暇を貰う（仕事を辞める）ことができ、遊女でも20代後半になれば商品価値が下がったとして解放されることが多々あった。それに対して奴上がりの女性には、解放の権利も期限も定められてはいなかったのだ。まさに奴の刑は、公的機関による恐ろしい奴隷刑だったのである。

坂本龍馬は西郷隆盛のパシリだった

歴史上の人物の中で、際立って人気の高い坂本龍馬。大政奉還に影響を与えた船《せん》中《ちゅう》八策《はっさく》の基礎をつくり、薩長同盟の仲介役として奔走したといわれている。だが、これらは龍馬の功績ではなく、西郷隆盛のパシリでしかなかったという説がある。

そもそも、龍馬が船中八策をつくった証拠はない。それどころか原本も写本すら見つかっていないため、後世の創作ではないかと指摘されている。

薩長同盟に関しても、交渉の主役は龍馬ではなく、あくまで薩長の藩士たち。現在では、龍馬は数ある調整役のひとりに過ぎなかったともいわれている。むしろ、同じ土佐藩出身の中岡慎太郎のほうが、関与が大きかったともいわれる。

坂本龍馬（国会図書館所蔵）

西郷隆盛の命令を受けて重要会議の段取りや日程を調整したり、武器商人のトーマス・グラバーを通じて大量の武器弾薬を薩長軍に用意したりと、龍馬は主役というよりサポート役であることが多かった。

ただ、小説などに描かれるような表立った行動はなかったとはいえ、裏方としての龍馬の役割は決して小さいものではなかった。そうでなければ、龍馬が近江屋において暗殺されることもなかっただろう。

弾圧されて寺がなくなった村がある

信仰の場として、葬儀や法事の場として、寺は日本人にとって身近な場所だが、近代化直後には政治の思わぬ影響で寺がなくなった村がある。岐阜県東《ひがし》白川村《しらかわむら》と奈良県十津川村《とつかわむら》だ。

明治維新直後、諸外国と交流する中で、新政府は欧米列強がキリスト教を下地に国民の意識をまとめていたことを知った。

これを範に日本の信仰である神道によって国民の意識を統一することが検討されたが、当時の神道は仏教と一体化しており、祭祀《さいし》も教義も天皇と関係がないものが少なくなかった。そうした仏教の影響を神道からとり除くために出されたのが、「神仏分離令」だ。

神仏分離令は必ずしも仏教の排斥が目的ではなかったが、布告を過大に解釈した民衆や諸藩は、寺院へ弾圧を加え始めた。各地で寺院への攻撃が起こったのである。

実は幕末から、諸藩では小規模な廃仏運動が起きていた。金銭的な負担を強いる仏教界への反発が、各地で噴出していたのだ。

岐阜県東白川村では、藩主の指導で仏像・仏

仏具を焼く神官（『開化乃入口』国会図書館所蔵）

具が根こそぎ破壊され、1870年秋までに15カ所の寺院全てが強制廃寺となった。

十津川郷（現十津川村）では、51の寺が残らず壊滅。1990年代に龍泉寺が復興されるまで、村には寺が存在しなかった。

日清戦争開戦は占いで決められた？

1894年に勃発した日清戦争は、明治維新後の日本が初めて外国と戦い、勝利した近代戦だ。普通なら、工業力や国力、政治力などを背景に開戦を決めるものだが、この戦いは占いによって、開戦が決定されたともいわれている。

開戦当時の首相は、伊藤博文だ。伊藤は大日本帝国憲法の起草に関わるなど、近代日本成立の立役者として知られている。そんな伊藤には、「占いで政策の決定を下す」という一面もあった。

日清戦争時に首相だった伊藤博文

伊藤が頼みとしたのは、「高島易断《たかしまえきだん》」の祖・高島嘉《か》右《え》衛門《もん》。高島は実業家としての顔も持ち、経営上の重要な判断には必ず占いを用いていたという。
自身が建設した旅館が政府高官の社交場となっていたこともあり、高島は有力政治家と親交を深めていたが、特に昵懇《じっこん》の間柄だったのが、伊藤であった。
伊藤が日清戦争開戦について助言を求め

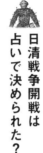

ると、高島は日本軍の勝利を占いによって判断したという。また、高島は三国干渉も予測したことで、伊藤はその後の策も練っていたとされる。日露戦争の際、東郷平八郎を連合艦隊司令長官に任命したのも、高島の易によるとの説もある。

とはいえ、伊藤は占いに全てを委ねたわけではない。自身の判断に占いという後押しを求めたと考えるのが、適切だろう。

日比谷公園は市民を監視するための場所だった

２０１３年に開園１１０年を迎えた日比谷公園。銀座や霞が関の近くにありながら、緑が豊かで憩いの場として機能している。

なぜこんな一等地に広い公園があるのか？それは、ここで市民を監視するためである。

日比谷公園が開園した１９０３年は、憲法が発布されて10年以上が経ち、国民の政治参加への意欲が高まっていた。憲法発布前は政治集会を禁じたり、新聞を取り締まったりしていたが、さすがにこの頃には事情が変化していた。国会議員が各地から選出され、有権者の意見を代弁するようになっており、正当な理由なく政治集

日比谷公園の音楽堂（『最新東京名所写真帖』明治42年）

会を禁じることまではできなくなっていた。

そこで政府は妥協策として、集会がしやすい広大な公園をつくり、政治集会を誘導しようとした。場所を把握することで、監視の目が届きやすいようにしたわけだ。

では政府は思惑どおり市民を監視できたかといえば、そう簡単に事は運ばなかった。

1904年に開戦した日露戦争の期間中、国民に多額の税負担を求めたにもかかわらず、政府は賠償金を得ることができなかった。これに不満を抱いた市民が日比谷公園で集会を開くと熱が高まり、公官庁への焼き討ち事件へと発展したのだ。

現在は穏やかな日比谷公園だが、過去には日本史に残る大事件が起きた場所でもあったのである。

地図から存在を消された毒ガス製造島

広島県竹原市の忠海港《ただのうみこう》から船で約15分の場所にある「大久野島《おおくのじま》」。多くのウサギに触れ合えるリゾート地として知られるが、戦時中、この島はある理由により地図から抹消されていた。この島は、「毒ガス製造工場」だったのである。

1929年、日本陸軍は大久野島に「東京第二陸軍造兵廠《ぞうへいしょう》忠海《ただのうみ》製造所」を設置した。毒ガス製造の秘密を守るのに十分な広さがあり、本土から近いながら海を隔てていることから、事故が起きても被害の影響が少ないと考えられた。

工場で製造されたのは、猛毒で皮膚がた

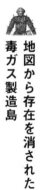

だれるイペリット、くしゃみ性ガス、青酸ガス、催涙ガスなどの化学兵器。島民は「陸軍の化学兵器製造所」とだけ聞かされていたため、「お国のため」と多くが工員となった。

しかし彼らを待っていたのは、壮絶な毒ガス汚染だった。工場でつくっているのが毒ガスであることに気がついてからも、島民たちは工場勤務を辞めることが許されなかった。そうして1944年に中止されるまで、15年にわたって毒ガス製造に翻弄されたのである。

大久野島にある陸軍の砲台跡。20 世紀初頭に造られた。太平洋戦争時には、毒ガスの貯蔵庫として使われた。

この結果、大久野島は植物もろくに育たない土壌と化し、工員たちのほとんどは後遺症に苦しんだ。島の存在自体も軍事機密として、1938年から1947年まで地図から消されていたのである。

ユダヤ人を利用しようと試みた河豚計画

第二次世界大戦前後に、ナチス・ドイツがユダヤ人を虐殺したことは有名だ。そんなヨーロッパで排斥されてきたユダヤ人を利用しようと、日本である計画が立てられていた。それが「河豚《ふぐ》計画」である。

計画の目的は、満州国へユダヤ資本をも

たらすことにあった。迫害されたユダヤ人を助けて満州国の経営安定化に利用しようと計画する。日本に友好的な態度を示していたユダヤ人コミュニティなら、受け入れは可能と思われていた。

だが、この計画は、一歩間違えば反ユダヤ主義の国々から反発を受けることも想定された。特にユダヤ人の迫害に熱心なドイツからすれば、面白いはずがない。これを推進派の海軍大佐が「肉は美味いが毒をもつ河豚」になぞらえたことから、のちに河豚計画と呼ばれることになった。

計画は極秘裏に、着々と検討された。1938年、満州を支配していた関東軍は、世界各国のユダヤ人を「抱擁統合する」という目標を策定。その後、重要閣僚による会議で河豚計画は政府の方針として定められ、あとは計画実行を待つのみとなった。

河豚計画を提唱したとされる実業家・鮎川義介

しかし結局、計画が実現することはなかった。1940年に日独伊三国同盟を締結したことなどにより、河豚計画は実現性がなくなって頓挫した。2年後には政府の決定も公式に無効となっている。

東京「都」は戦争をきっかけに生まれた

47都道府県のうち、東京だけが「都」の

行政区分なのはなぜだろうか？　首都があるから東京都、と考えた方は間違い。実は「都」とは、戦争をきっかけに生まれた行政区分なのである。

1943年まで、東京の行政区分は東京府だった。東京府知事は中央から派遣された官僚で、いわば政府側の人間だ。

この東京府内最大の自治体が、東京市である。東京市は当時から総人口の1割を占めるほどの大都市。市長は選挙によって選ばれた市会議員から互選で選出されていた。つまりは東京市民の代表である。東京市長の方が行政の長として権限が強かったことから、府の事案に従わないことが少なくなかった。

政府や東京府からすれば、命令に従わない東京市は、目の上のたんこぶだった。そこで戦時体制強化の名目で東京市と東京府を合併し、政府が派遣する役人を行政の長に置いたのだ。

こうして生まれた自治体につけられたのが、都という行政区分だった。首都の呼称として府から都に変更されたのではなく、東京市を解体することが東京都誕生の目的だったのである。

フィリピン奪還はマッカーサーの私怨で決行

多くの兵士を犠牲にしてしまう戦争において、私情を挟むのは厳禁だ。しかし太平洋戦争時、「私怨」ともいえる感情で作戦を提案したアメリカ軍将校がいた。戦後、連合国軍総司令部のトップとして日本を統治したダグラス・マッカーサーである。

1942年、極東陸軍司令官としてフィリピンに着任していたマッカーサーだが、日本軍の攻撃に屈して島を離れてしまう。この「フィリピンの戦い」での敗北と逃亡が、エリート軍人マッカーサーの生涯の汚点となる。

その後、マッカーサーはニューギニアからフィリピンを目指す進撃ルートを強く主張して、フィリピン奪還を目指した。アメリカ海軍はフィリピンに戦略的価値を見出せず、素通りして台湾を目指す意向を提示したが、マッカーサーはあくまでもフィリピン進攻に固執した。

日本軍の攻撃を避けるためにオーストラリアに逃れたマッカーサー（中央）

ここまでこだわる理由は、もちろん雪辱を果たすためである。マッカーサーにとってフィリピンは、フィリピン軍事総督だった父親の代より利権を多く掌握していた虎の子の地。「マッカーサー王国」と揶揄《やゆ》されるほどで、どうしてもフィリピンを支配下に置きたかったともいわれている。

結局、フィリピン攻略は成功し、マッカーサーはフィリピンへ帰還。彼の宿願は果たされたのだった。

戦艦大和は政治的な判断によって沈められた？

１９４５年4月7日、日本が誇る巨大艦艇が海底に没した。沈んだのは戦艦「大和」。沖縄近海において、米軍戦闘機による波状攻撃に耐えきれず、大和は沈没した。この大和沈没という出来事には、政治的な思惑があったのではという説がある。

大和出撃時、日本は戦力と資源が底を突きかけ、戦局の挽回はもはや不可能となっていた。そこで、一部の将校たちは終戦を実現するための和平工作に入ったのだが、そうした勢力にとって一番邪魔な存在が、大和だった。

当時、抗戦派の影響力は強く、本土決戦を唱える将校が少なくなかった。もし大和という強大な戦力が健在なまま和平工作を進めれば、どうなるか。抗戦派の勢いに押され、終戦工作を平和裏に行うことが難しくなる。海軍省の役人にしても、大和を出撃させなければ、なぜ遊ばせているのかと非難が集中することになりかねない。こうした点から、大和が政治的判断によって沈められたのではと、いわれているのだ。

呉で整備中の戦艦大和

太平洋戦争の戦没者は60%が餓死

太平洋戦争で命を落とした軍人・軍属の数は約２３０万人とされている。終戦前後の混乱時に多くの資料が失われたこともあり、はっきりした数字や死因は明らかになっていない。

それでも専門家の間では、戦闘で死んだ者以上に、餓死者が多かったと考えられている。

例えば、ビルマ・インド方面で展開されたインパール作戦は餓死や病死の多さで有名だが、それ以外の戦場でも、餓死者は多かった。フィリピンのレイテ島、ソロモン諸島のガダルカナル島など、日本兵の餓死を伝える記録は多い。全戦没者の60%強、１４０万人前後が戦病死者であり、そのほとんどが餓死者だとされている。

インパール作戦時、象に乗り進撃する日本軍の部隊

また、死者の多くは人的・物的損害が甚大になった１９４４年に集中していることを示す研究もある。ある研究者は、陸海軍軍人の年別戦死者数を公表している岩手県の資料をもとに、１９４４年以降の戦没者数を約２０１万人だと計算している。実に、戦死者の約91%にあたる数字だ。食糧の確保がいかに重要か、そして日本軍がそれを

いかに軽視していたかが、この研究からは知ることができる。

太平洋戦争の終結は8月15日ではなかった

　8月15日は、太平洋戦争の終戦記念日である。「終戦記念」というからには、この日に戦闘が終わったようなイメージを与えるが、実際には、この日以降でも戦闘は度々起こっていた。相手はソ連だ。日本のポツダム宣言承諾に応じて戦闘を停止したアメリカなどとは違い、ソ連は降伏文書に調印されるまでは戦争状態であるとして、日本領への攻撃を続行していたのだ。

　舞台となったのは中国東北部の満州方面であるが、日本本土に近い地域でも、ソ連軍の侵攻が始まっていた。千島列島である。

　ソ連は、満洲と同時に北海道方面を制圧する作戦を立てた。その足がかりとして、8月17日に約8300人の兵力を千島列島侵攻に投入する。

　日本陸軍第五方面軍は戦闘停止命令に従って武装解除を進めていたが、千島列島北端の占守島《しゅむしゅとう》守備隊からソ連軍上陸の報告が届くと、樋口季一郎司令官はすぐさま迎撃命令を下した。

日ソ中立条約を破って樺太に進軍するソ連兵

占守島守備隊の方でも、18日から反撃を開始している。

その後、ソ連の行動を知ったアメリカと日本の交渉により、21日に戦闘は終結した。戦闘による死者数は、守備隊で約１０００人、ソ連軍で約１５００人とする説が有力だ。守備隊の奮戦により、ソ連軍が北海道まで侵攻することは防ぐことができた。

昭和天皇はキリスト教に関心を持っていた

戦前の天皇は大日本帝国の元首であり、神道の最高祭祀者でもあった。現在は国民の総意に基づく「象徴」ではあるが、祭祀の主宰者であることに変わりはない。

一方で、昭和天皇がキリスト教に大きな関心を抱いていたとする意見がある。根拠になるのは２０１４年に公開された『昭和天皇実録』だ。

1921年、イギリスのエディンバラに訪れた皇太子時代の昭和天皇

天皇は皇太子時代の１９２１年、半年をかけてヨーロッパ各国を訪問した。その際、ローマ法王ベネディクト15世と面会している。法王はカトリック教会の逸話を紹介し、日本が教会と提携するよう勧めたという。

それから時が経った対米開戦直前の頃。天皇はローマ法王を通じて時局収拾が可能か検討することを提案した。バチカンを介して戦争を終結させる方法を考えるよう、側近に指示したのだ。

　さらに敗戦後の占領期、天皇はキリスト教に接近し、国内外のキリスト教徒と頻繁に会い、カトリック施設も訪れている。

　天皇がキリスト教に接近したのは、国家神道に対する反省や、天皇制に否定的な共産主義への不安があったからだろう。カトリックへ改宗し、戦争責任と米国からの自立という2つの課題に応えようとした、との考えもあるが、それらを裏付ける資料はない。

戦後の皇居前広場は性の場だった

　今では考えられないことだが、戦後の一時期、皇居前広場は性と密接な関係にあった。米兵相手に公然と売春が行われ、それに触発されたカップルが集って痴態を行う、性の空間だったのである。天皇の住まいの目と鼻の先で、一体何が起きていたのだろうか？

　皇居前広場は、ＧＨＱが本部を置いた第一生命館の近くに位置していた。一般の日本人女性が襲われないよう、占領軍相手の売春団体が政府公認で組織されていたが、公認団体以外にも、米兵の相手をして生活費を稼ぐ女性は少なからずいた。しかし相手が見つかっても、焼け野原になった東京に、手ごろなホテルや旅館などはない。そのためもあってか、ＧＨＱ本部から近い皇居前広場が、性交渉の場になったのである。

　1950年ごろになると、噂を聞きつけた日本人カップルまでもが皇居前広場に集まって、わざわざ野外プレイに勤しんでいた。カップルはその後も増え続け、いつしか「皇居前広場」という言葉が野外プレイの隠語として使われるようになっていたほど。社会問題になって女性実業家からカップル専用の公園を造るよう、東京都に要請するということもあった。

皇居前広場の楠木正成像（『東京名所写真帖』明治43年）

　法規制によって見られなくなったが、つい数十年前まで当たり前のようにある光景だったのである。

アステカ文明は生贄として100万人の心臓を捧げた

　自然災害が神によって引き起こされると考えられていた時代、その怒りを鎮めるために、さまざまなものが供えられた。野菜や果実、牛や馬、魚にとどまらず、人間までが生贄の対象だった。そんな生贄文化がもっとも盛んであったといわれるのが、中南米で栄えたアステカ文明だ。

　アステカ人は、近い将来、太陽の寿命が尽き、世界は闇に包まれると信じていた。人間の生贄は、この太陽の死を引き延ばすために行われた。

生贄に選ばれた人間は、まず神殿に置かれた祭壇に寝かされる。すると石のナイフを持った神官によって胸を切り裂かれ、心臓をえぐり出される。もちろん、生きたままである。

生贄の儀式は、日常的に行われていたようだ。犠牲者の数は100万人を下らないともいわれている。ときには生贄獲得のために戦争を起こし、戦いで得た捕虜を儀式に使うこともあったという。捕虜はともかく、アステカ人は生贄になることを最上級の名誉として、自ら進んで生贄になったとされている。

心臓を捧げる儀式の様子

こうした生贄文化は、16世紀のアステカ文明崩壊と共に失われた。現在では祭壇がメキシコの観光名所として残っているのみである。

シチリアと言えない者を虐殺
シチリアの大虐殺

4000人以上ものフランス人が虐殺された事件。それが「シチリアの晩祷《ばんとう》」だ。

イタリア半島先端のシチリア島は13世紀頃、シチリア王国という独立国だった。支配していたのはフランス王族であるシャルル・ダンジュー。住民に対して抑圧的な統治を行うダンジューに、大半を占めるイタリア系住民は不満を抱えていた。

　そんな中、1282年3月30日に、シチリア北部のパレルモでダンジュー家の兵がイタリア系の女性を暴行した。これにイタリア系住民の不満が爆発して暴徒化すると、暴動はたちまちシチリア全土に拡大。標的はフランス人兵士に留まらず、フランス系住民やフランス人と結婚したイタリア系女性も狙われたという。

　暴徒は、それらしい人間を見つけると、フランス人が苦手とする「シチリ」という単語を発音させ、言えなかった場合は容赦なく殺害したという。暴動は6週間にわたり、シチリアにいたフランス人は全滅した。

　ちなみに3月30日は復活祭の翌日に当たり、教会前には大勢の市民が夕刻の祈り（晩禱）を行うために集まっていた。暴動が起きたとき晩禱を告げる鐘が鳴っていたため、虐殺事件は「シチリアの晩禱」もしくは「シチリアの晩鐘」と呼ばれるようになった。

シチリアの虐殺をテーマにした19世紀の絵画（フランチェスコ・アイエツ「シチリアの晩禱」）

マルコ・ポーロは中国に行っていない？

中東から中国にわたる広大な地域につい

て記された『東方見聞録《とうほうけんぶんろく》』。15世紀から17世紀の大航海時代に、多くの探検家に影響を与えた書物だ。著者とされるのは、イタリア・ベネチアの商人マルコ・ポーロ。日本を「黄金の国ジパング」と紹介したことでも知られる。

ただ、実はその内容には誤りや誇張が多い。そもそも『東方見聞録』は、マルコ・ポーロによる著作ではない。マルコ・ポーロの話を、職業文士ルスティケッロ・ダ・ピーサがまとめたものだ。

『東方見聞録』の写本『イル・ミリオーネ』の一部。イル・ミリオーネとはマルコ・ポーロのあだ名で、「百万男」の意。

戦争に参加して敵国の捕虜になったマルコ・ポーロは、同じ牢獄に収監されていたピーサと意気投合し、自身の体験を語って本にすることにした。この際、ピーサが聞いた逸話なども掲載されたことで、根拠の薄い記述も増えることになったのである。

中国に関する記述では、マルコ・ポーロは元王朝に仕え、中国全土を自由に移動できる通行証を賜り、知事にまで就任したとされるが、纏足《てんそく》や箸など、中国文化を紹介する記録は見当たらないし、元の記録に彼の名前は一切登場しない。

このように、『東方見聞録』には不自然な点が散見されることから、マルコ・ポーロが中国に行ったことを疑問視する研究者も、少なからずいる。

コロンブスのアメリカ発見は原住民殺戮の始まり

15世紀から17世紀の大航海時代。華々しい歴史の裏では、スペイン人による大規模な虐殺が繰り返されていた。虐殺者は、コンキスタドールと呼ばれる征服者。そのきっかけをつくったのが、「新大陸」を発見したクリストファー・コロンブスだ。

コロンブスは1492年、西欧人による「新大陸」発見を成し遂げた。彼はその後英雄として扱われ、発見地の監督権と強奪品の1割を手にする。これが悲劇の始まりである。

アメリカ大陸に到達したコロンブス

コロンブス一行は次の航海で入植地に戻ると、先住民族らの財産を奪い、殺戮を繰り返した。その結果、5万人以上が殺されたといわれている。

悲劇はこれだけでは終わらなかった。栄光を手に入れたコロンブスに続けと、コンキスタドールたちが新大陸に渡り、同じことをくり返したのである。

その代表格がフランシスコ・ピサロだ。彼は南米のインカ帝国に黄金が豊富だと知ると王族をあざむいて国を滅ぼし、財産を略奪。さらには鉄球に縛り付け下からとろ火で何日もあぶり続ける、幼い子らをヤリで突き刺す、赤ん坊の足を持って岩に頭を叩きつけるなど、暴虐の限りを尽くした。

ピサロらコンキスタドールによって虐殺された先住民は、アメリカ大陸発見からたった40年の間で1200万〜1500万人にのぼるともいわれている。

コロンブスは梅毒をヨーロッパに持ち込んだ

「性病の代名詞」ともいわれる梅毒。罹患《りかん》すると「バラ疹《しん》」と呼ばれる小さな赤い発《ほっ》疹《しん》が全身に現れ、脳や心臓に重い合併症をもたらすこともある。元は西インド諸島の風土病だったが、これを世界中に広めたのが、クリストファー・コロンブスである。


コロンブスといえば、「新大陸」を発見したことで知られる冒険家だが、実はその航海の過程で、探検隊は西インド諸島の原住民と性交渉を持っていた。その結果、梅毒をヨーロッパに持ち帰ることになったのである。

探検隊が帰国すると、梅毒は瞬く間に猛威を振るい、耳が聞こえなくなる者、発狂する者が続出した。フランス国王シャルル8世やイングランド王ヘンリー8世も、梅毒が原因で命を落としたともいわれている。

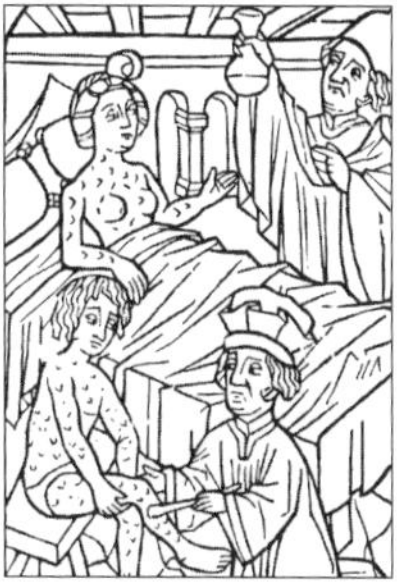
梅毒の発症を描いた15世紀後半のウィーンの記録

さらに、

梅毒の猛威は大航海時代の波に乗って、日本にも及んだ。『妙法寺記』には１５１３年に「唐瘡」という奇病が流行したとあり、これが梅毒だと考えられている。梅毒は新大陸発見からわずか20年程度で、アメリカからヨーロッパを経由し、極東の日本に到来したのである。

その後、ペニシリンなどが開発されて治療が可能になったものの、世界ではいまだ猛威を振るっている。２０２０年度の日本でも、１５７９名の感染が報告されている。

アメリカにはかつて市民に人気の「皇帝」がいた

アメリカは大統領制の国なので、国王は存在しない。だが19世紀には、「皇帝」と呼ばれる人物がいた。イギリス出身のジョシュア・エイブラハム・ノートンだ。

ノートンは１８４９年にサンフランシスコへ渡り、土地の投機などで莫大な富を得た。だがその後、事業に失敗して財産を失ったことで精神を病み、自分が皇帝であるという妄想に取り憑かれてしまう。

やがてノートンは地元の新聞社に、合衆国皇帝として宣言を布告するよう要望。それを同社がジョークとして掲載したことから、ノートンの名が知られるようになった。

礼服を身にまとうノートン。ノートン１世を自称し、メキシコの帝位も主張。

狂人扱い

されてもおかしくないが、ノートンが温厚な性格であったことから、市民は彼の妄想に付き合うようになる。彼が生活費を工面するため額面50セントの「帝国債権」を発行すると、人々は快く購入した。

また政府も彼の妄想を受け入れた。ノートンがときの大統領エイブラハム・リンカーンに、イギリス女王との婚姻を勧める電報を打ったところ、「真剣に検討したい」との返信があったという。

さらには日用品も提供され、レストランも無料という、まさに皇

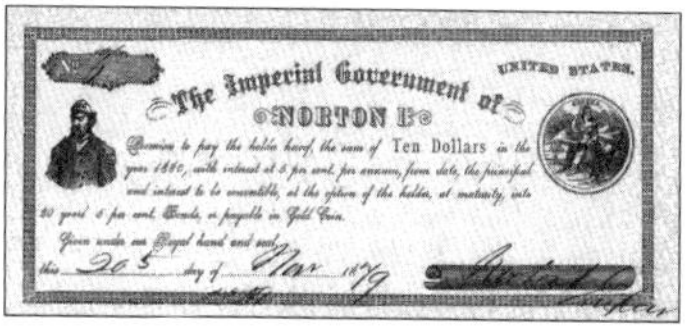

ノートンが発行した10ドル国債

帝の扱いを受けたのである。

１８８０年1月、ノートンはこの世を去ったが、市民はその死を悼み、葬儀には3万人もの参列者が集ったといわれている。

第一次世界大戦のきっかけは皇太子のおしゃれ？

１９１４年に起こった第一次世界大戦では、連合国・同盟国双方に推定１０００万人という、膨大な数の戦死者を出した。この戦争の発端となったのが同年6月28日、オーストリアの皇太子フランツ・フェルディナントがセルビア人青年に射殺された、いわゆる「サラエボ事件」である。

皇太子を失ったオーストリアは、報復措

置としてセルビアに宣戦布告。4年4カ月にわたる大戦が始まることとなる。

ただ、皇太子は確かに銃撃により重い傷を負わされたが、即死したわけではなかった。それでも命を落とすことになったのは、着用していた衣装が原因だったともいわれている。

皇太子はファッションへの関心が強く、プライベートでも王室御用達の仕立屋に凝ったデザインの衣服を作らせていた。宮廷行事や外国訪問の際、よりこだわりぬいた衣装を求めたことは想像に難くない。

サラエボ駅に到着した皇太子（左）。車で移動しようというときに、暗殺犯に命を狙われた。

実際、事件当日も、皇太子は体にフィットした細身の礼服を着用していた。そのためか、撃たれたあとに服を脱がせようにも相当な時間がかかり、そのぶん医師の治療が遅れてしまったという。

歴史に「もし」はないといわれるが、皇太子が服装を気にしない人物であれば、命は助かっていたかもしれない。

隣国同士が報復合戦 ビドゴシチ住民虐殺事件

隣国同士による数千人に及ぶ殺戮の応酬。そんな狂気の事件が「ビドゴシチ住民虐殺事件」（ブロンベルク血の日曜日事件）だ。

事件は、1939年9月3日、ポーラン

ド軍の２個師団がビドゴシチ市を通過する際に起きた。ドイツ系ポーランド人過激派が銃撃を開始すると、ポーランド兵が応戦して約５００人が犠牲となったのだ。

その後、ゲリラ活動などに加担していると疑われる家々の捜索でドイツ系住民がリンチを加えられた。殺害された数は、１０００人から２０００人という説もある。

その６日後、今度はドイツ兵による報復があった。最初に銃殺されたのは12歳から16歳のボーイスカウトのメンバー。その後、約３０００人のポーランド系住民が無差別に殺害されたという。

なぜ事件はここまで拡大したのか。

ビドゴシチはドイツ本土と飛び地である東プロイセンに挟まれた「ポーランド回廊」にあり、ドイツ系とポーランド系の住民が混在していた。１９３０年代に入り両国の関係が悪化すると、ドイツ系住民は自衛団を結成。反ポーランド活動も起き始める。そして最初の事件が起きる２日前、ドイツはポーランドに侵攻。これがきっかけとなり、ドイツ系過激派が攻撃を仕掛けたと考えられている。

特攻隊は
ナチス・ドイツにもあった

第二次世界大戦時、ドイツでは戦局の悪化に伴い、ある使命を帯びた空軍部隊が誕生した。それが「エルベ特別攻撃隊」だ。

彼らに与えられたのは、「航空機ごと敵

機に体当たりする」というミッションだった。そう、これは日本軍の神風特別攻撃隊をヒントに編成された部隊だった。

ナチスで特攻隊を発案したハヨ・ヘルマン（ドイツ連邦公文書館所蔵）

　この特攻隊を発案したのは、防空戦術に長けたハヨ・ヘルマン空軍大佐だ。

　日本の神風特攻隊の存在を報道で知ったヘルマンは、大島浩駐独大使を招き、情報の収集にあたった。作戦立案の背景には、大戦末期の日本軍と同様に、連合軍の爆撃機と互角に撃ち合えるようなベテランパイロットが激減していたという事情があったとされる。

　ただ、日本と違うのは乗組員の生還が前提となっており、体当たり直前にパラシュートで脱出するよう指示されていた。

　1945年4月7日、ドイツの特攻隊の出番がやってきた。約1300機の米軍爆撃機の襲来に対し、185機のエルベ特攻隊が出撃したのだ。

Bf-109G。ナチスの特攻部隊にも使われた（ドイツ連邦公文書館所蔵）

　だが、米軍の記録では体当たり攻撃により撃墜されたのはわずか8機。一方、無事帰還を果たしたエルベ特攻隊はたった15人であった。戦果の乏しさもあって、エルベ特攻隊は10日後に解隊することとなった。

ヘンリー・フォードは極度の反ユダヤ主義者

自動車の大量生産方式を採用して産業界に革新をもたらしたヘンリー・フォード。庶民が買える安価な車を生産すると同時に、労働者を高賃金で雇用し、アメリカの生産力向上に大きく貢献した。しかしその一方で、フォードは過激な反ユダヤ主義者でもあり、その思想はアドルフ・ヒトラーが敬愛するほど危険なものだった。

1920年から1922年にかけて、フォードはスポンサーとなった週刊誌において、92回にわたって反ユダヤ主義を書き綴った。その連載を全4巻で順次刊行していったのが、『国際ユダヤ人』だ。ユダヤ人による世界支配計画を描き、アメリカはその脅威に晒されているとした。また、「アメリカに次いでユダヤ人の脅威に晒されているのは、ドイツだ」と記されており、これが反ユダヤ主義的なドイツ人に大きな衝撃を与えた。ドイツには内外からユダヤ人の影響が及び、基幹産業はすでに彼らの支配下にあると記されていたからだ。

同年のうちにドイツ語に翻訳されると、たちまちヒトラーを虜にした。演説でフォードの言葉を引用することが多くなり、『我が闘

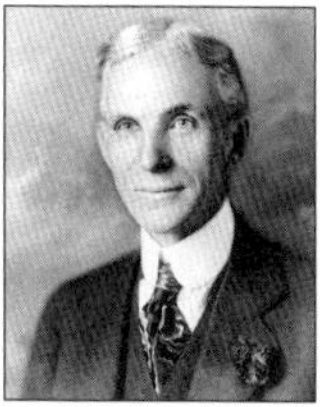

ヘンリー・フォード

争』にもあきらかに『国際ユダヤ人』の反ユダヤ的傾向が表れていた。オフィスにフォードの肖像写真を飾り、新聞記者に聞かれると、「フォードは私のインスピレーションだ」と語っている。

イタリアでは今でもムッソリーニの人気が高い

イタリアで好きな政治家を尋ねると、常にベニート・ムッソリーニの名が挙がる。

ムッソリーニといえば、ファシスト党を率いて政権を掌握し、第二次世界大戦では連合国と戦った独裁者である。大戦末期には正式な裁判にかけられることもなく処刑され、遺体は放置されたのち、逆さ吊りにされている。このような人物に、なぜ人気があるのだろうか？

理由の一つは、経済政策だ。第一次世界大戦後の不況でインフレ状態だったイタリアを、ムッソリーニは大幅な公共工事投資によって農業国から工業国化し、それなりの成功を収めた。

国家ファシスト党を率いたムッソリーニ

また、人種差別に否定的だったり、社会福祉政策を推進したり、マフィア撲滅に力を注いだりもした。さらに、「ラテラノ条約」によってバチカンを国として認めたのも、ムッソリーニによる政策である。

そして1970年から80年代になって政情が不安定になり、経済が悪化すると、国

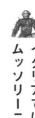

民の価値観に変化が訪れた。「ムッソリーニの時代はよかった」という、懐古ムードが広がり、特に大衆に迎合するポピュリストや極右主義者に受け入れられたのである。

　ムッソリーニの故郷には記念碑が設けられ、絶えず花が捧げられている。命日などにはネオファシストの支持者が大挙して訪れるという。

凶悪犯の刑務所だった国立公園がある

　アメリカ西海岸のサンフランシスコ湾内には、アルカトラズ島という東京ドーム6個分程度の広さの小島が浮かんでいる。現在では国立公園となっているが、かつて「監獄島」とも呼ばれていた。それはアルカトラズ島全体が、刑務所であったためだ。

　島に連邦刑務所が設置されたのは、1934年のこと。もともとは軍事施設が置かれていたが、凶悪犯を収容するために、この島が監獄に選ばれた。最初に収監されたのは、アトランタ連邦刑務所から移送された囚人53名。彼らは一様に更生不可能とみなされた受刑者で、その中には暗黒街のボス、アル・カポネの名前もあった。

上空からとらえたアルカトラズ島（© Ralf Baechle）

　島はサンフランシスコ市街からわずか2

キロ程度の距離にあったが、海の潮流が非常に速く水温も低いため、泳いで逃げることは相当困難とされた。

　実際、脱獄を試みて海に飛び込んだ受刑者もいたが、生き延びた者は１人もいないとされている。このことからも、アルカトラズは「脱獄不可能」な刑務所として名を馳せることになる。

　だが、１９６３年には管理運営費の維持が困難になり、閉鎖が決定。現在、刑務所は名所となり、年間１００万人以上の観光客が押し寄せている。

国民の４割近くを虐殺した　カンボジアのポル・ポト派

　カンボジアでは、１９７４年から４年間で、国民の４割近い２００万から３００万人が殺戮された。この虐殺を主導したのが独裁者ポル・ポト派の面々である。

　ポル・ポトは、親米派との内戦で勝利を収めた共産主義者だ。フランス留学中、スターリンの過激な思想に影響を受けたポル・ポトは、政権を掌握すると、カンボジアから資本主義を徹底的に排除し始めた。

　経済、教育、科学、娯楽に至るまで排斥の手は及び、仏教すらも弾圧の対象になる。知識人、僧侶、歌手でさえも、資本主義の手先とみなされて虐殺され、一般の民衆は農民になることを義務付けられ、逆らえば命を簡単に奪われた。

　当然、政府付近から反発する声があがっ

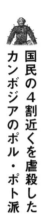

たが、ポル・ポトは反逆者の取り締まりを名目に、政府高官や役人、軍人を容赦なく収容所に送り込んでなぶり殺した。虐殺の手は、反逆者とみなされた者の妻や両親、子どもにも及んでいる。帰国した留学生や高学歴のインテリも殺害されていった。

１９７８年になるとポル・ポトは政権を奪われるが、ジャングルへ逃れて戦闘を継続し、反乱から20年近く経った１９９７年にやっと拘束された。ポル・ポトは味方から終身刑を言いわたされ、その翌年に心臓発作で死亡した。遺体は古タイヤと共に燃やされている。

国民を大虐殺したポル・ポト

バチカンより小さい未承認国家・シーランド公国

現在、世界でもっとも小さい国はイタリア・ローマにあるバチカン市国で、その面積は０・44平方キロメートル、およそ東京ドーム10個分程度だ。だが、実はバチカンよりも小さな国家が存在する。それがイギリス南東部の沖合に浮かぶ「シーランド公国」で、面積はわずか２０７平方メートル。これ

ロイ・ベーツが独立を宣言したシーランド公国

はテニスコートよりも狭い面積である。

とはいえ、この国は島ではなく、イギリス軍が第二次世界大戦中に作った海上要塞だ。2本の円柱の上に甲板が乗っているだけの人工の構造物に過ぎない。

これが国になったのは、戦後放置された状態になっていたところを、1967年に元英国陸軍大佐のロイ・ベーツが占拠したことに始まる。ベーツは勝手に独立宣言をしてシーランド公国と命名し、自らを「ベーツ公」と称したのである。

当然、イギリス政府は彼を訴えるが、シーランドが領海外に存在することを理由に敗訴してしまう。その後、ベーツはコインや切手、爵位の販売などで国家を運営。2012年に死去するが、息子のマイケル・ベーツが後を継いでいる。

ただ、シーランドはあくまで人工物であるため「領土」として認められていない。要はベーツが勝手に「独立国だ」と言い出したに過ぎないのだ。現在のところ公式な国家として承認している国はない。

モンテネグロは最近まで日本と交戦状態だった？

ヨーロッパ南東部のバルカン半島には、モンテネグロという国が存在する。日本との馴染みは薄いように思えるが、とんでもない。実はモンテネグロは最近まで日本と交戦状態にあったとされる国なのである。

1904年に日露戦争が勃発した際、モ

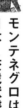

ンテネグロ公国（当時）はロシアの管理統治下にあったため、同調して日本に宣戦布告を行った。ただ、当時のモンテネグロは愛媛県程度の面積しかない小国で、わずかな義勇兵を派遣した程度。そのため、講和を目的としたポーツマス会議に招かれず、日本と正式な停戦条約が結ばれることがなかった。その結果、軍事行動がないにもかかわらず、国際法上は交戦状態が継続している扱いになったのである。

日露戦争における旅順攻略戦の様子。塹壕内にいるのはロシア兵。モンテネグロはロシア側として日本に宣戦布告した。

この状態は、その後にユーゴスラビア連邦共和国、セルビア・モンテネグロ共和国の一員になっても変わらなかった。それゆえモンテネグロでは、日本人を見ると「日本とは戦争が終わってないから、まず君と平和条約を結ぼう」という定番のジョークがあるという。

だが、この100年以上にわたる交戦状態にもついに終止符が打たれるときが訪れた。2006年6月、モンテネグロはセルビア・モンテネグロ共和国から独立を果たす。そして日本政府はその独立を承認。そのことが、事実上の終戦宣言となったのである。

女人禁制のアトス山は メスの家畜も立入禁止

　ある特定の信仰と関わりが深く神聖視されている場所、いわゆる「聖地」には、女人禁制の場所が多い。

　女人禁制を撤廃する聖地は増えたが、一方で動物のメスさえ入ることが禁じられたエリアもある。ギリシャ北東部に位置する、標高２０３３メートルのアトス山である。

　この地域は10世紀に、ギリシャ正教のトップであるビザンチン帝国皇帝の援助により開かれた。古くから独立色が強く、現在でも、ギリシャ政府から広範な自治権を与えられている。アトス山は聖地であると同時に、国家でもあるのだ。

　領土内はほとんどが山岳地帯で、20軒ほどの修道院が建ち並ぶだけ。およそ１６００名の修道士、つまりは男性のみが暮らす極めて禁欲的なエリアである。女性は修行の迷いとなるということで立ち入りが禁止され、家畜であってもメスはご法度という徹底ぶり。ただし、メス鶏だけは例外的に入山を認められている。修道士たちの食卓に出す卵料理のためだという。

アトス山にあるシモノペトラ修道院。現在は20の修道院が同山にあり、山全体が世界遺産に登録されている。（©Rumun999）

女性差別だという非難も上がっているが、男性であっても宗教的な理由がない限り入山許可を得ることは難しいという。

世界一死刑の人口比が高いのはシンガポール

現在、死刑制度の残されている国で執行数がもっとも多いとされているのは、年間2000人以上と推定される中国だ。しかし、人口当たりの執行率が高いのは、アジア屈指のリゾート地シンガポールである。

1990年から2003年までに処刑されたのは、400人。その比率は人口100万人につき約14回に相当する。

近年は国際的な非難もあって減少傾向にあるものの、2017年から2019年の3年間で、執行数は25人。シンガポールの人口は約500万人と日本の約25分の1なので、単純に比較すると年間に人口比200人相当が死刑に処されている。

日本では、殺人以外で死刑になることはまずないが、シンガポールでは人もしくは財産を傷つける目的で武器を使用した場合、結果がともなわなくても死刑となる。武器使用

シンガポールの最高裁判所。左のドームのある建物は旧庁舎で、UFOのような建造物がのっているのが現庁舎。（© Rumun999）

は未遂でも適用され、共犯者も武器を所持していた犯人と同様、死刑が科される。

違法な反政府団体への所属、暴動、誘拐、強盗、公務執行妨害、公共物破損、放火などの特定犯罪のときに武器を使用した場合も、死刑になることが多い。さらに、麻薬の密輸や製造も死刑となる。

麻薬関連では外国人死刑囚も多く、外交問題に発展したこともある。外国人には執行を停止したり減免したりする傾向にあるというが、国民への人権意識は低いままだ。

ダライ・ラマ14世が死ぬと チベットは中国の手に落ちる

チベットは独自の文化と宗教観を持つ仏教国家だったが、1950年に中国が侵攻し、翌年には全土を併合された。チベット人は反発して「チベット動乱」に発展したが、中国は殲滅作戦を繰り返し実施。1976年までのチベット人死者は120万以上にのぼるともいわれる。

ダライ・ラマ14世（© NIH Image Gallery）

この中国支配に抵抗するのが、ダライ・ラマ14世だ。ダライ・ラマはチベット仏教の最上位であり、精神的指導者である。

動乱中にインドへ亡命したためチベット

にはいないが、現在はインドにおいて、「ガンデンポタン」という亡命政府の政治的指導者におさまっている。

中国との争いは平和的な解決を望み、完全な独立ではなく、高度な自治権の成立を訴えている。ダライ・ラマの指導力もあって、かろうじてチベット全体で反乱が起こることが抑えられているが、問題はダライ・ラマの後継者をどうするかである。

ダライ・ラマの称号は、生まれ変わりによって決まる。先代が死ぬと、チベットから新しいダライ・ラマを継ぐ子どもが選ばれてきたが、チベットは中国の支配下にある。このままダライ・ラマ14世が死ぬと、中国に都合のいい人物がその位を継ぐことは、確実である。これまでの習慣を変えるか、変えずに中国の支配に屈するか。非常に危うい選択を迫られている。

美女が連続して消える？「神隠し」の山

1975年、オーストラリアで『ピクニック・アット・ハンギング・ロック』という映画が製作された。原作はジョアン・リンゼイという作家による同名の小説で、彼女は実際の事件を小説化したという。その内容は、次のとおりである。

1900年2月14日、地元の寄宿学校の女生徒と教員が、オーストラリアの南東部ハンギング・ロックにピクニックに訪れた。

山に向かった4人の少女たちはいつまで

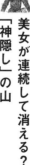

経っても帰らず、さらに生徒を探しに行った教師までもが失踪してしまう。やがて少女の1人が半狂乱の状態で戻ってくるが、事情を尋ねても「彼女たちは靴を脱いで岩陰に消えた」など要領の得ない答えばかり。

翌日から警察の捜索が始まり、1週間後に少女の1人が衰弱した状態で発見される。どういうわけか、彼女は失踪時からの記憶が全くないという。結局、残りの少女たちの手掛かりは掴めず、事件は迷宮入りになった。

リンゼイの言うとおり事実であれば、不可解極まりない。

『ピクニック・アット・ハンギング・ロック』のポスター

だが、当時の新聞に事件の記事は掲載されていない。これについて原作者のリンゼイは、「物語が事実かフィクションかは、伝えることができません。しかし多くの非常に奇妙なことが、ハンギング・ロック近くで起こりました」と答えたという。

自殺することがブームになった山が日本にある

青木ケ原の樹海をはじめ、自殺の名所と呼ばれる場所は多い。中には、わずか1年で1000人もの自殺者を出したことで有名になった山がある。それが伊豆大島にある火山、三原山《みはらやま》だ。

1933年、女学生の松本貴代子が親友の富田昌子に自分の死を見届けてくれるよう頼み込み、三原山の火口に身を投げた。その後、松本死亡に関する調査が進むと、奇妙なことが判明する。自殺に立ち会った富田が、1カ月前にも友人の自殺に立ち会っていたのだ。しかも自殺場所は、松本と同じ三原山だった。

新聞社が一連の自殺を猟奇事件として報道すると、富田は連日世間からの罵りを受けた。富田は次第に精神を病み、実家で謎の死を遂げてしまう。

一連の事件を受けて、三原山は連日野次馬で賑わうことになる。中には自殺志願者も多く、「誰か飛び降りる者はいないのか?」という冗談に乗って本当に火口へ身を投げるなど、簡単に命を捨てる人も少なくなかったという。

こうして自殺者数は増加していき、この年に三原山で自殺した者の数は、未遂者も含めて944人にのぼったらしい。三原山は自殺の名所として一躍有名になったが、1933年末の噴火を機に、自殺者は減っていったという。

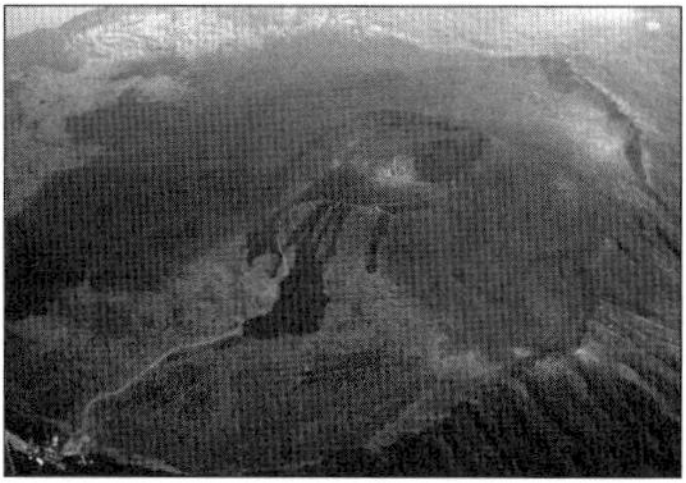

2003年に撮影された三原山山頂（©海上保安庁海洋情報部）

イエス・キリストの墓が日本にある？

イエス・キリストの亡骸は、エルサレムに埋葬されたと伝わっている。だが、意外な場所にも「キリストの墓」が存在する。その場所とは、日本の青森県新郷村《しんごうむら》だ。

「キリストの墓」が見つかったのは、１９３４年のこと。発見者は竹内巨麿《きよまろ》という人物だ。巨麿は超古代書『竹内文書』を受け継ぐ家の子孫を自称し、その古文書の伝承を手がかりに墓を発見したという。

『竹内文書』によると、イエスは21歳で来日して神学の修業を重ね、33歳のときにユダヤに戻ったという。刑を受けたのは弟のイスキリで、イエスは日本に戻り、新郷村で１０６歳まで生きて、死後はこの地に埋葬された――。そんな伝説が残っている。

当然ながらそんな話を裏付ける史料はまったくない。『竹内文書』はキリストだけでなく、釈迦や孔子、孟子、モーセも日本で修行したと書かれ、初代天皇が誕生したのは紀元前３１７５億年という記述まである。偽書であるのは明らかだ。

なお、村にはキリストの里伝承館が設けられ、歴史や民俗と同時に、ユダヤとのつながりを示す数々の「証拠」や日本語で書かれた「キリストの遺言書」などが展示されている。「キリストの墓焼酎」「キリストのハッカ飴」など、みやげ物も豊富だ。

史実かどうかはともかく、伝説は村の観光資源として活用されているようだ。

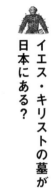

3章　事件・結社編

トランプ大統領誕生に反対する魔女が大集合

2017年1月にアメリカ合衆国大統領に就任したドナルド・トランプ。移民排斥やメキシコ国境の壁建設など過激な方針を掲げたため、その政策を巡って反対した人は多い。大統領就任時も反トランプ派の人々は抗議活動を行っていたが、中には大統領に呪いをかけるべく集まった魔女の集団もいたという。

魔女を名乗る女性たちは、大統領就任の翌月、魔術の効力がもっとも表れるとされる三日月の夜、トランプタワーに集合した。用いられた道具は、災いや倒壊を意味するタワーのタロットカードにキャンドル、鳥の羽、さらには醜く映った大統領の顔写真など。

魔女たちは精霊や悪魔に祈りながら「トランプが徹底的に失敗するように、彼の力を封じ込めよ」などと唱えた。その際、大統領を支持するキリスト教徒神秘主義者の一団が現れ、魔女に対抗すべく「呪い返し」の呪術で反撃したという。現場はまさに、オカルト映画の一場面だったそうだ。

魔女たちはその後も、草の根的に反トランプ運動を展開していたという。2020年の大統領選にトランプは敗れ失脚したが、それはひょっとしたら魔女の呪いのせいだったのかもしれない。

隠されたCIAの洗脳実験 MKウルトラ

1950年代、アメリカ中央情報局（CIA）が極秘裏に進行させた洗脳実験プログラム。それが「MKウルトラ」だ。戦時の尋問対策や暗殺者養成に役立つ「意志兵器」を作り出すため、催眠術や薬物などを使った人体実験が行われたのである。

特に、優れた自白剤として注目されていたLSD実験は、盛んに行われた。被験者に選ばれたのはアメリカ人とカナダ人だ。

カナダのマギル大学アラン記念研究所では、精神上の問題や精神障害を抱えた患者に対して、本人や家族の承諾を取らずにLSDと精神操縦を伴った実験が行われた。LSDの投与で患者を昏睡状態にして12時間近くも洗脳テープを聞かせる、通常の30～40倍も強い電気ショックを与えるなど、非人間的なものばかり。

結果、被験者たちの多くは、失禁や記憶喪失をはじめとした重度の障害を抱えることになってしまった。

この恐るべき実験は、1960年代末までに、80の施設、44の大学、15の研究機関、12の病院または診療所、3つの刑務所で行われたとされる。

当事者も、さ

バージニア州マクレーンにあるCIA本部

すがにこれはまずいと思ったのだろう。1973年、CIA長官が関連文書の破棄を命じた。残されていた一部が公開され、議会で問題視されたが、資料不足で全容解明は困難なのが現状だ。

ベトナム戦争は米政府の捏造で始まった

南北ベトナムの戦いにアメリカが介入して泥沼化したベトナム戦争。アメリカは北ベトナムによる攻撃をきっかけに介入したが、実はこの事件は、アメリカ政府の捏造だった。

1964年、米国海軍の駆逐艦が攻撃を受けると、アメリカは北ベトナム軍の攻撃だと断定した。その2日後、同じく米軍駆逐艦が攻撃を受けると、アメリカは報復として北ベトナム魚雷艇基地4カ所を爆撃。事実上の宣戦布告である「トンキン湾決議」を可決している。

米軍駆逐艦マドックスから撮影された3隻の魚雷艇

この「トンキン湾事件」によって、ベトナム戦争は本格的な幕開けとなったのだが、1971年、驚きの事実が明らかとなる。『ニューヨーク・タイムズ』が国の機密文書である「ペンタゴンペーパーズ」のコピーを入手し、トンキン湾事件は米国政府による捏造だったと報じたのだ。

1回目の攻撃こそ、北ベトナムが米国駆逐艦を南ベトナムの軍艦と誤って実施したが、2回目の攻撃はアメリカ側の誤認だった。しかも、「北ベトナムからの攻撃である」との証拠とされた傍受記録が、翻訳ミスであることが判明する。問題なのは、アメリカ政府がこれらの事実を把握していたにもかかわらず隠蔽していたことだ。当然、事件時の大統領ジョンソンの政策は激しく非難されることになる。

米軍が南ベトナムから撤退したのは、1973年のこと。米軍の死者・行方不明は約4万人。アメリカ政府は開戦のきっかけを捏造しただけでなく、数万人の自国民を犠牲にしたのである。

アメリカの帰還兵の自殺は戦闘中の死者数を上回る

アメリカによる攻撃で2001年に始まったアフガニスタン紛争、そして2003年に勃発したイラク戦争。米軍の被害は大きく、約6900名の兵士が命を落としている。

ベトナム戦闘と比べれば犠牲は少ないと思うかもしれないが、戦争の犠牲者は戦地だけで生まれるわけではない。実はアメリ

2011年3月31日、アフガニスタンのクナル州にてタリバンに射撃で応戦する米軍の兵士たち

カでは帰還兵の自殺が後を絶たず、社会問題となっているのである。

『ワシントンポスト』によると、２０１２年のアフガニスタンでの戦死者が２２９人であったのに対し、帰国後自殺した兵士はそれを上回る３４９人だった。また、反戦団体「反戦イラク帰還兵の会」の２０１４年の発表によると、１日平均22人の帰還兵が自ら命を絶っているという。１年で約８０００人が自殺していることになり、戦地での死者数を大きく超えているのである。

　自殺の主な原因は、ＰＴＳＤ（心的外傷後ストレス障害）が指摘されている。戦地で敵の殺傷や仲間の死など強烈な体験をすると、それが精神的ダメージとなって何度も記憶に蘇り、最悪の場合自殺に追い込まれる。

　また爆風の衝撃などで脳に損傷を受け、その影響でうつや自殺願望などを引き起こす兵士も多いといわれる。いずれにしても、戦争が兵士たちの心を蝕んでいるのは間違いないだろう。

自衛隊で深刻化する いじめによる自殺

　災害時の救出活動などで、国民生活を守る自衛隊。頼りになる存在だが、いじめによる隊員の自殺という問題を抱えている。

　２００３年から２０１４年度に自殺した自衛官は、合計１０４４人。平均すると毎年90人近くの隊員が自ら命を絶っている計算になる。10万人あたりの自殺者数に換算すると約36人だ。

なぜ自衛官は命を絶ったのか。防衛省は病気や借金などを挙げているが、いじめの問題も指摘されている。

２００４年10月には横須賀基地所属の一等海士が、翌年11月にも航空自衛官が自殺しているが、その理由は上官などからの執拗な嫌がらせであったとされている。基地や艦艇などの閉鎖的な住環境では、人間関係のトラブルが発生しやすく、暴力沙汰に繋がるケースも目立つという。

また海外派遣など、危険な任務の際に受けるストレスが自殺の原因といわれることがある。自衛隊では２００４年から２００６年にかけて毎年１００人以上の自殺者が出たが、その時期はイラク派遣とインド洋での補給支援活動とが重なる。

その他、過酷な長時間労働が原因でうつ病を発症して自殺した元航空自衛官もおり、こちらは労災として認定されている。彼らが職務を全うするためにも、より充実した心のケアが望まれるところだ。

一夜のうちに約３０００人が姿を消す事件があった？

警察庁の調べによると、２０２０年度の行方不明者の届出受理数は、７万７０２２人にのぼるという。失踪の動機は人間関係のトラブルや経済事情などさまざまだが、いずれにしても何らかの理由がある。

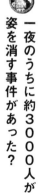

ところが過去には原因もわからず、大集団が忽然と姿を消した事件が中国で起きた。それが「中国兵士集団失踪事件」である。

ときは1939年12月、日中戦争の真っただ中のこと。中国軍は日本軍の攻撃に備え、南京付近の広野に3000人の兵士を配備した。兵士は3キロにわたる防衛ラインを築き、日本軍の襲撃を待ち構えた。

防衛態勢が整ったことを確認した軍司令官は、いったん作戦本部に戻った。だがその翌日、司令官に驚愕の一報がもたらされる。現場に配備したはずの兵士が、一夜にして消えてしまったというのだ。

現場に突発的な戦闘の痕跡はなく、銃器類は投げ出されたまま。3000人もの人間が一斉に消えたにもかかわらず、近辺に駐屯していた兵士は何の物音も聞かなかったという。しかも、いまなお兵士たちの行方はわかっていない。

兵士たちは衝突を前に、集団で逃げ出してしまったのだろうか。実は事件そのものの信憑性が疑われており、デマカセの可能性もある。中国側に資料があれば別だが、真相は不明である。

ルーマニア革命はサッカーが一つの発端になった

1989年、民主化運動「東欧革命」の中で、武力によって国家体制の変革を迎えた国がある。ルーマニアだ。革命勢力と軍・警察の銃撃戦で多くの血が流れ、

１０００人以上が命を落としたものの、国家元首は処刑され、新体制が樹立された。

この騒動のきっかけの一つが、実はサッカーワールドカップの祝勝デモだった。

同年11月、首都ブカレストで行われたワールドカップ予選を勝ち抜き、ルーマニアは20年ぶりに本大会出場権を獲得した。各地で祝勝デモが行なわれ、大都市ティミショアラでも、盛大な祝勝デモが行われた。

この祝勝デモが、気づけば反政府デモに発展していた。一部の市民は感情が高まり、独裁的な政権への不満を爆発させたのである。東欧諸国で次々と革命が起きていたことにも触発され、デモが広がっていった。

ルーマニア革命で政権を追われたチャウシェスク

この混乱を収めるため、チャウシェスクはブカレストの宮殿前広場で演説を繰り広げようとしたが、怒号が起こり広場はパニック状態に。狼狽したチャウシェスクはヘリコプターで脱出。その間、ブカレストでは血みどろの市街戦が繰り広げられ、約１週間の間に約１０００人が死亡した。
やがて、12月23日にチャウシェスクは逮捕され、軍事法廷で銃殺刑が決まり即時執行。その様子はビデオ撮影され、日本や西側諸国でテレビ放映されている。

安楽死をするため スイスに旅行する人が年々増加

スイスといえば、アルプスの名峰や雄大な氷河など、美しい自然が豊富だ。近年ではそうした自然だけでなく、安楽死を求めてスイスを訪れる人も増えている。

２０２１年9月現在、日本で安楽死は認められていないが、オランダやベルギーなどいくつかの国ではすでに合法化されている。中でもスイスは、唯一外国人にも安楽死を認めている。

患者はどのように死を迎えるのか？　方法は至ってシンプルで、コップや点滴などに入れられた薬物を患者自らが体内に注入する「自殺幇助《ほうじょ》」が採られている。

このサービスを受けるため、２００８年からの5年間で、末期がんなどを患《わずら》ったドイツ人やイギリス人など６００人以上がスイスに渡り、安楽死を迎えている。賛否両論はあるものの、「自殺ツーリズム」という言葉が生まれるほど、その注目度は高くなっている。

気になるのは料金だが、スイスにある外国人の安楽死を支援する団体を通じれば、旅費や診断書、遺体輸送費などを含めて、おおよそ１５０万円から２００万円になるという。

なお、安楽死を望む理由などを英語やドイツ語で説明できれば、日本人でも申し込みは可能である。

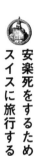

戦後日本で計画されたクーデター三無事件

日本のクーデターといえば、五・一五事件や二・二六事件が有名だが、戦後にも国家転覆を企む事件が起きていた。1961年12月に世を騒がせた「三無《さんゆう》事件」だ。

首謀者は川南豊作《かわなみとよさく》なる国家主義者。戦前には造船業の川南工業を設立し、軍部の力を背景に実業家として名を馳せた人物だ。

川南の目的は、共産主義や左翼勢力の一掃だ。目的を果たすため、共産主義を容認する政治家を粛清しようとしていた。

一味には、五・一五事件に加担した元海軍中尉三上卓《みかみたく》や、2013年に朝鮮総連本部の建物を落札して話題になった池口恵観《えかん》らも名を連ねていた。

「三無」事件と言われるのは、彼らの三つの政策に由来する。官公庁の大幅人員削減による「無税」、宇宙兵器開発などで他国からの侵略を防ぐ「無戦争」、大規模公共事業により失業者を救済する「無失業」だ。

一味は国会を占拠し、臨時政府樹立の計画を立てたが、事前に計画が発覚。破壊活動防止法違反により逮捕された。アジトからは多数の日本刀や防毒マスクが押収されており、計画が実行されれば多くの死傷者が出ていただろう。

警察によって押収された小銃や日本刀など

イスラム教を侮辱したとして翻訳者が殺された『悪魔の詩』

日本人は無宗教だと考える人は多い。家がお寺の檀家でも、仏に熱心に帰依する人はそう多くないだろう。一方で世界には、自分の信仰を侮辱されたと感じると憤り、過激な行動に出る者もいる。1988年に出版された『悪魔の詩』は、過激な事件のきっかけとなった、いわくつきの書である。

同書は、インド出身でイギリスの作家サルマン・ラシュディによる小説だ。ジャンボジェット機から墜落した二人のインド人俳優が大天使ジブリエールと悪魔になり、時空を超えた世界へ行ったり、夢の世界をさまよったりする物語である。

『悪魔の詩』のカバー

文学的には高い評価を受けたが、ムハンマドの妻と同名の女性を娼婦として登場させたりしたことが、イスラム教への冒涜だとして大問題になる。多くのイスラム教国では禁書となったが、インドやパキスタンをはじめ世界各地でデモや暴動が発生し、多数の死傷者を出すことになってしまった。

1989年には、イランの最高指導者ホメイニ師が、恐ろしい指令を出した。『悪魔の詩』の著者とその内容を知っていながら出版に関与した者を殺害するよう、イスラム教徒に命じたのである。

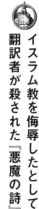

ラシュディはイギリス政府の保護下に置かれて難を逃れたが、それで問題は収束しなかった。世界各地で、同書の翻訳者が襲撃される事件が相次いだのである。

1991年7月11日には、なんと日本において、翻訳者が殺害される事件が起きた。イスラム教研究者で同書を翻訳した五十嵐《いがらし》一《ひとし》氏が、勤務先の筑波大学の構内で刺殺されているのが発見されたのである。事件の3日後、イランの反政府組織が犯行声明を発表し、日本に衝撃を与えた。犯人はいまだに捕まっていない。

『ライ麦畑でつかまえて』は3人の殺人犯のバイブルだった

永遠の青春小説と呼ばれる名著『ライ麦畑でつかまえて』。J・D・サリンジャーによる著作で、16歳の少年ホールデンが過ごした3日間が描かれている。1951年7月にアメリカで出版されると瞬く間にベストセラーとなり、世界各国で翻訳されて若者のバイブルとなった。

現在でも多くのファンを獲得しているが、発売当時は賛否両論のある書だった。既存の政治体制や社会に不満を抱いた若者に熱狂的に受け入れられた半面、教育現場では青少年に悪影響を与えるとして、禁書扱いになるケースが多々あったのだ。

1980年代には、別の意味で注目を集めるようになる。ジョン・レノンの暗殺犯やレーガン大統領暗殺未遂事件の犯人、女優のレベッカ・シェーファーを射殺したストーカー犯の所持品から、『ライ麦畑をつかまえて』が見つかったのである。

ジョン・レノンを殺害したマーク・チャップマンは、パトカーがくるまでそわそわしながら同書を読んでいた。殺害の動機を聞かれると、「あの本を読めばわかる」と言ったという。

ピカソは「モナリザ」盗難の疑いで逮捕された

「モナリザ」は、ルーブル美術館の数ある至宝の中でも特に人気が高い。そんなモナリザが盗難の被害に遭う事件が、1911年8月22日に起きた。犯人として逮捕されたのは、なんと天才画家のピカソだった。

事件発覚の翌朝、パリ各紙は世紀の盗難事件を大きく報じた。ニュースは瞬く間に広まり、自称犯人が名乗りでたり、懸賞がかけられたり、政府の陰謀説が噂されたり、何週間も人々の関心事となった。

こうなると、警察としてはなんとしてでも犯人を見つけなければならない。捜査線上に浮かびあがってきたのは、ドイツの地下組織か、モンマルトル付近に住むボヘミアン風の画家、または詩人。このボヘミアン風の画家が、若き日のピカソである。

9月になると、詩人アポリネールとピカソが捕まった。ルーヴルから盗まれた他の彫刻を入手していたことから、犯人と疑われて連行されたのである。

もちろん、2人には身に覚えのない犯行だ。必死に無実を訴えて、なんとか釈放されている。

なお、モナリザが見つかったのは、事件から2年が経った1913年12月のこと。販売を持ち掛けられた画商が警察に通報したことで、犯人が逮捕されることになった。犯行は、モナリザの展示用ガラスを取り付けたイタリア人ガラス工のヴィンチェンツォ・ペルージアによるものだった。

レンブラントの「夜警」は一部が切り取られていた

17世紀のオランダ絵画絶頂期を支えた画家レンブラント。光と影を巧みに描き、人物の感情を映し出す技量は、現代でも高く評価されている。

レンブラントの代表作といえば『夜警』がすぐに思い浮かぶが、実はこの傑作は、レンブラントの死後に切断される憂き目に遭っていた。

「夜警」は、火縄銃手組合の依頼を受け、１６４２年に完成した。

　組合員は高額な料金を分担し、レンブラントに集団肖像画の制作を依頼したが、完成品のスケールは、思った以上だった。縦は３・５メートル以上、横は４メートル以上と、当時の絵画としては非常に大きなつくりだ。火縄銃手組合集会所には納まっていたものの、１７１５年、アムステルダム市庁舎の軍事会議室に移されたとき、室内に納めることができないということで、絵が裁断されてしまったのだ。

　元の姿は、17世紀に描かれた模写から推測できる。裁断は、上部と左右に及んでいることがわかった。特に左側の切断は７分の１に相当するほどで、人物が二人、バッサリ切り取られてしまっている。

　巨匠に大金をはたいて依頼したにもかかわらず、切り取られてしまった二人。画面後方の盾には組合のメンバー全員の名前が記されているが、これは切断された二人の名誉のために書き加えられたのだと考えられている。

最悪の事故発生『トワイライトゾーン／超次元の体験』

『ジョーズ』のスティーブン・スピルバーグ、『マッドマックス』のジョージ・ミラー、『ハウリング』のジョー・ダンテ、そして、のちにマイケル・ジャクソンの「スリラー」のＰＶを撮るジョン・ランディス。この４

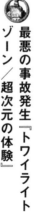

人の大物クリエイターが若手時代に撮った映画が、１９８４年公開の「トワイライトゾーン／超次元の体験」である。４人それぞれが映像をつくり、全4話が制作された。

気鋭の監督たちの作品にしては知名度が低いが、それもそのはず、本作は公開から20年以上ソフト化されず、長く日の目を見る機会がなかった。その理由は、撮影中に俳優が死亡するという、ハリウッド史上最悪の事故が起きたからだ。

事故は、第1話を担当したジョン・ランディスの撮影中に起きた。主役を演じるヴィック・モローが敵の追跡をかいくぐり、戦場

にとり残されたふたりのベトナム人の子どもを抱えて脱出を試みるという、クライマックスのシーンだ。

背後で爆薬が激しく爆発するなか、ランディスの合図でモローが子どもを抱えて走り出すと、思わぬことが起きた。

ヘリが爆風によってバランスを崩すと川に落下していた子どもを押し潰して墜落し、回転を続けるプロペラが、モローともうひとりの子どもの首をはね上げたのである。

映画は映像を差し替えて公開された。しかし、ランディスは過失致死罪で起訴され、検察から痛烈な批判を受ける。結局無罪となったものの、それ以降のランディスの作品には痛快さが消え、暗い影がともるようになった。

暴力事件を誘発した？『時計じかけのオレンジ』

『2001年宇宙の旅』『シャイニング』などを手掛け、20世紀最大の映画監督とも称されるスタンリー・キューブリック。過激な演出が物議をかもすこともあったが、特に大きく話題になったのは、『時計じかけのオレンジ』である。

　1962年に発表された同名小説を原作に、キューブリックは近未来の管理社会を描きだした。1971年12月に映画が公開されると、ティーンエイジャーによる暴力や性衝動の描写は賛否両論を呼んだものの、作品は大ヒットし、興行的な成功を収めた。

　しかし、翌年5月15日には不穏な事件が起こる。大統領選挙のキャンペーン中だったアラバマ州知事のジョージ・ウォレスが、22歳の男に狙撃され、下半身不随になるという事件が起きた。

　この事件を起こした青年の日記に、「『時計じかけのオレンジ』を見て、その間ずっとウォレスをやることを考えていた」という箇所があったのだ。犯人は、映画の主人公アレックスのセリフにある「ウルトラ・バイオレンス」という言葉も使っていた。

　また、イギリスでは、18歳未満の観客が制限されて上映されたが、映画に触発されたと思われる暴力事件が相次いだ。

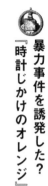

映画のシーンを再現するかのように、不良グループが旅行で訪れていた17歳のオランダ人少女を輪姦したり、少年が60歳のホームレスを死ぬまで蹴り続けたりした。供述では『時計じかけのオレンジ』の名がよくあがったという。

世論を無視できなくなったキューブリックは、１９７３年８月、自主規制の形でイギリスでの配給を停止。再び一般公開されたのは、キューブリックの死後、２０００年３月のことである。

放送禁止曲だった 美輪明宏の「ヨイトマケの唄」

２０１２年の「第63回ＮＨＫ紅白歌合戦」で披露されて絶賛された、美輪明宏の「ヨイトマケの唄」。

同曲は、１９６５年にテレビで発表されたときにも大きな反響を呼び、レコードの売上は40万枚を超えるヒットとなった。

だが、大きなヒットを記録したものの、紅白歌合戦で披露されるまで、この曲を知らなかった人は少なくないのではないか。それもそのはず、「要注意歌謡曲」になって長い間放送禁止曲のように扱われ、テレビで流されることがなかったからだ。

土方《どかた》として働く労働者をヨイトマケといったが、これが差別を助長するとして、いつしか表舞台から消えたというのだが、正確な理由はよくわかっていない。

要注意歌謡曲の制度は１９８３年に廃止

されたが、そのときのリストには、「ヨイトマケの唄」は入っていない。それでも、その後にヨイトマケの唄がテレビで流れることはなかった。

長い間規制されてきたこともあって半ば忘れられた唄となったが、2000年以降に桑田佳祐をはじめとした音楽関係者の尽力で、再び日の目を浴びることになった。

村ぐるみで偽札づくりをした事件があった

偽札づくりは、貨幣経済を混乱させる恐れがあるため、特に罪が重い。2017年には、知人を陥れるために1万円札をプリンタでコピーした男性が通貨偽造罪で起訴され、懲役3年、執行猶予4年の判決を受けている。

それだけ取り締まりが厳しい偽札づくりを、過去には一つの村の住民が結束して励んだ事件が起きた。それが「チ―5号事件」だ。

事の発端は、1951年3月17日、山梨県の銀行で、通常より紙が薄くナンバリングの数字が大きい千円札が発見されたことにある。同日、東京の八百屋でも偽千円札が使用され、愛知や大阪などでも偽造紙幣が見つかった。

相次いで偽札が使われたことから山梨県警が警戒を強めると、やがて元教員の男の逮捕に至った。男は戦後の農地改革で没落したため偽札づくりに加担したという。

男は単独犯ではなかった。主導したのは軍法会議の判事も歴任した元軍人であったことが判明。しかも、容疑者逮捕の一報を受けると、男の住む村では偽札づくりに協力したとして次々に自首する者が現れたのである。その数は24名にのぼったというから、まさに村ぐるみの犯行だ。

ちなみに、彼らは約280万円を集めて偽札を製造したが、使用したのは130枚程度。つまり、13万円（現在の価格で約650万円）に過ぎない。残りの金を使うこともできずに村人は捕まった。

雑談が原因で信用金庫がデフォルトの危機に陥った

人が何気なく口に出したあやふやな情報が、社会を混乱に陥れることになる。その最たる例が「豊川信用金庫事件」だろう。

1973年12月13日、愛知県豊川市にある豊川信用金庫小坂井支店に、預金を引き下ろす人が殺到。「豊川信用金庫が危ない」「倒産する」という噂が原因だ。

本店の他8つの支店に客が押しかけ、翌日にはパニック状態に陥った。総預金量360億円だった口座から約20億円が、13日から17日までの間に引き出されてしまう事態となったの

現在の豊川信用金庫本店

である。

警察はパニックを引き起こしたデマが故意、悪意によって流されたのではないかと捜査を開始。その結果、なんとデマのルートは、通学途中の女子高生3人の他愛ないおしゃべりだったと判明する。

彼女たちは3年生で、その中の1人が豊川信用金庫に就職が内定した女学生に「信用金庫なんて危ないわよ」と発言した。就職予定の女の子が帰って叔母にそのことを話すと、この叔母が知り合いに噂を流し、話はどんどん大きくなったのである。

現在でも、ネットの情報によってあらぬ疑いをかけられたり、デマが蔓延したりすることはある。情報の見極めが大切なのは、今も昔も同じことなのだ。

闇金業者の真のターゲットは債務者の周辺の人

闇金融の特徴は、何といっても暴利にある。出資法が定める上限金利は年20%だが、闇金では10日で1割や2割といった法外な金利で貸し付ける業者も珍しくない。

ただ、闇金にまで融資を求める債務者は、通常の消費者金融から借金を断られる人がほとんど。そんな多重債務者に金を貸しても回収できないのではないかと思われるだろう。だが、闇金の真のターゲットは債務者本人ではなく、その周辺の人々なのだ。

業者が融資を行う際には、審査の名目で債務者の個人情報をはじめ、家族や親族の連絡先、勤務先なども把握する。そうすると、業者はこうした情報を盾に、「借金が返せないなら親類の家や職場にも乗り込むぞ」と債務者を脅すことができる。嫌なら自分で友人や親戚などから金を借りるしかない。つまり、債務者は闇金業者の手先として「回収係」を負わされるのである。

警察庁の報告によると、２０２０年度の闇金による被害者数は約1万７４００人。債務者周辺の人間も含めると、その数は2倍、3倍以上にも膨れ上がるのではないかと考えられている。

消費税増税を悪用した金の密売が問題視されている

近年、話題になった犯罪の一つに「金の密輸」がある。税関を管轄する財務省の発表によると、２００８年の摘発件数が4件であったのに対し、２０１７年は３００倍以上の約１３００件。２０１８年は減ったものの、それでも１０８６件に及んだ。

なぜここまで急増したのか？　それは、消費税を悪用すれば、金の密輸で大金を稼ぐことができるからだ。

本来、金を日本に輸入する際は、税関で消費税を納める必要がある。通常はその後、輸入業者は消費税込みの価格で金を貴金属店に売るが、消費税を税関で申告しないで貴金属店に売ると、どうなるだろうか。店側は消費税10%分を上乗せした形で買い取ることになる。つまり1億円の金塊を持ち込めば、労せず１０００万円が手に入ることになるのである。

この金塊ビジネスは、暴力団の資金源の一つになっているといわれている。組員自ら実行するだけでなく、一般人を運び屋に仕立てるケースも目立つという。実際、2017年6月には、1億3000万円相当の金塊約30キロを密輸した罪で、主婦ら5人が逮捕されている。

ただ、2019年は61件、2020年は51件と、摘発数は減少している。2018年4月より罰金が引き上げられたことや、新型コロナウイルスの影響により旅客数が減ったことが原因だ。

もっとも金の価格が高騰していることから、金密輸の増加を懸念する声もある。今後は一層、捜査の目が厳しくなるだろう。

知らぬ間にフロント企業にアドテックス事件

暴力団をバックに企業活動を行い、利益を提供している「フロント企業」。多くは経営者自身が暴力団と関係しているが、過去には知らぬ間に裏社会の住人に介入されたケースもある。それが2007年の「アドテックス詐欺事件」だ。

アドテックスは、日本アイ・ビー・エムの元社員が設立した精密機器メーカーだ。2001年にはナスダック・ジャパン（現大証ヘラクレス市場）に上場したが、2004年頃から赤字に苦しむと、そのまま経営状況は改善されず、2006年に民事再生法の適用を申請している。

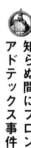

これに目をつけたのが、元暴力団組長らだ。元組長は暴力団の準構成員という身分を隠し、民事再生法の適用直前にアドテックスの副社長に就任。その少し前に経営に加わった新社長が、彼を呼んだのだ。そして、不正に約６３００万円を支出したのである。

ふたりは逮捕されたものの、アドテックスも東京地方裁判所によって再生手続きが廃止され、２００７年1月に破産した。

公安警察は微犯罪を見逃すことがある

刑事の仕事は、事件を解決することである。国民の安全を守る警察としては、当たり前のことだ。ただ同じ警察組織の一部でも、公安の仕事は少し違う。

公安の目的は、「国家に対する犯罪」を未然に防ぐこと。そのために、危険因子とみなされる思想犯や、テロを実行しそうな国内外の組織を監視し情報を集める。目的を達成させるためには、証拠を隠匿したり、事件を揉み消したりするという噂もある。「窃盗はしょせん、個人の持ち物が他人に渡るだけのこと。国家の安全にはまったく影響を及ぼさない」

そんな風に考える公安捜査官もいるらしい。

公安と刑事部などとの大きな違いは、各公安は警察庁の警備局と直接繋がっているということだ。警察庁からの命令や指示は、直接地方の公安部署に届けられる。公安内の情報は公安関係者だけが把握し、同じ警察であっても他の部署には伝わらないのだ。

　このために、大切な情報であっても、公安と他の部署が共有することはない。

質屋は１０９％の金利が認められている

　一般的な質屋のイメージは、「品物を預け、その査定額分のお金を借りる店」といったところだろうか。消費者金融のように審査の手続きや収入証明が必要なく、お金が返済できなくても、「質流れ」として品物が没収されるだけ。一刻も早く安全にお金を借りたい人には、便利なシステムだともいえるだろう。

　だが、その一方でデメリットもある。それは、金利が非常に高いことだ。

　質屋は貸金業者と違い、質草の管理や盗犯防止などの面でコストがかかる。そこで質屋営業法第36条では、質屋に年利１０９・５％までの金利を認めているのである。質屋で10万円を借りると、３カ月で約２万７０００円の利息が付く計算だ。これは出資法で定められた上限金利20％の５倍以上にもなる。

　近年では、この高金利に目を付けた「偽装質屋」と呼ばれる店舗も存在する。たいして価値の無い質草に高い査定額を付け、高金利で金を貸し出す手口で稼ぐ店だ。標的は主に高齢者で、融資の際、年金支給日に口座引き落としで返済させる契約を結ばせるのである。もちろん、これは違法行為だ。あまりに高い査定額を提示する質屋には、用心した方がいいだろう。

インターポールは犯罪者を捕まえられない

国際手配された犯人を、地元警察と協力して検挙する。そんなイメージのあるインターポールだが、実際には、彼らに手配犯を逮捕できる権限は与えられていない。

インターポールは正式名を「国際刑事警察機構」という。各国の警察機構によって結成された、国際犯罪防止のための組織である。加盟国は190カ国にのぼり、日本は1952年に加盟。警察庁から5人の職員が派遣されている。

だが、インターポールに専従の捜査官はいないし、ヘリコプターもなければパトカーもなく、ピストルも携帯していない。要は、各国の連絡機関のようなもので、世界を股にかけた「スーパーポリス」ではないのだ。

職員が国際犯罪の実働捜査を行い、緊急時には容疑者の確保を行うこともあるが、身柄を拘束するのはその国の警察。技術

フランスのリヨンにあるインターポール本部（© Massimiliano Mariani）

的な支援や指示を行うことがあったとしても、主体は各国内の警察なのだ。

　そもそも逮捕権は典型的な国家権力であり、それを他国で行使することは、主権の侵害や内政干渉にあたる。銭形警部がルパン三世を捕まえようとしても、勝手に他国で逮捕することは許されないのだ。

現在でも行われている拷問まがいの取調べの数々

「拷問」で罪を認めさせるなど、現代ではあってはならない話だが、拷問による冤罪事件はなかなか無くならない。世界的に有名なのが「袴田事件」である。

　１９６６年、静岡県清水市（現静岡市清水区）で発生した強盗殺人放火事件の容疑者として、袴田氏は逮捕された。

　取調べで袴田氏は、「殺しても病気で死んだと報告すればそれまでだ」と殴る蹴るの暴力を受け、さらには取調室で糞尿の垂れ流しをさせられるなど、自白強要のために、過酷な拷問を受け続けたという。

　また、２００３年に10人以上の容疑者が全員無罪を勝ち取った「志布志事件」でも、非人道的な取調べが行われた。逮捕された人の証言によると、刑事は机を叩いて脅かす、恫喝するなどを朝から晩まで続けた。挙句の果てには、家族の名前やメッセージに見立てた「そういう息子に育てた覚えはない」「早くやさしいじいちゃんになってね」などと刑事が書いた紙を、取調べ中の容疑者に無理矢理踏みつけさせたという。

日本における勾留期間は最大23日間と、先進国の中では非常に長い。しかも、別件逮捕によって期間の延長も可能だ。

警察に疑われれば、延々と厳しい取調べを受けるかもしれない。虚偽の自白をするケースがあるのは、そのあまりの辛さに起因しているのである。

知らぬ間に運び屋になっても国によっては死刑になる

知らぬ間に犯罪に手を貸していて、気づけば死刑判決を受けてしまう。そんな可能性を秘めた事件が、２００９年に起きた。

この年、元看護師の日本人女性が、アラブ首長国連邦のドバイからマレーシアのクアラルンプール国際空港に到着した際、手荷物の中に隠された約３・５キロの覚せい剤が当局に発見された。

マレーシアでは一定量以上の麻薬を所持していた場合、個人使用ではなく売買目的と判断される。麻薬など危険薬物の違法売買に携わると、極刑で処罰される法律があり、外国人といえども特別扱いはされない。

元看護師も例外ではなく、２０１１年にマレーシア高裁は彼女に対して死刑を宣告。これに対して元看護師は、「中東系の男性に頼まれてスーツケースを運んだ。中身は何が入っていたか知らない」と抵抗し、無罪を訴えて最高裁に上告した。だが、マレーシア最高裁が２０１５年にこれを棄却したことで、死刑が確定した。

　本当に元看護師が知らなかったのか、知っていながらウソをついているのかは不明だが、親切心で荷物を運ぶと、極刑を受ける可能性もあるのだ。

小麦から幻覚剤をつくることができる

　小麦は多くの料理に用いられている食材だが、麻薬を生み出した植物でもあることをご存じだろうか。

　麦の穂は麦角《ばっかく》と呼ばれる菌に寄生されると、アルカロイド系の毒物を発生させる性質を持っている。この菌に冒された麦を摂取すると、手足の壊疽《えそ》や筋肉の痙攣《けいれん》など猛烈な中毒症状に襲われる。いったん流行すると数千人規模の犠牲者が出るため、中世の人々からは非常に恐れられていた。

　だが１９４３年、スイスの化学者アルベルト・ホフマンは、麦角に幻覚作用があることを発見。ホフマンは微量の麦角が指に付着した際、「全てが歪んだ鏡に映っているかのような」幻視を体験する。そして、麦角をもとに開発されたのが幻覚剤のＬＳＤであった。

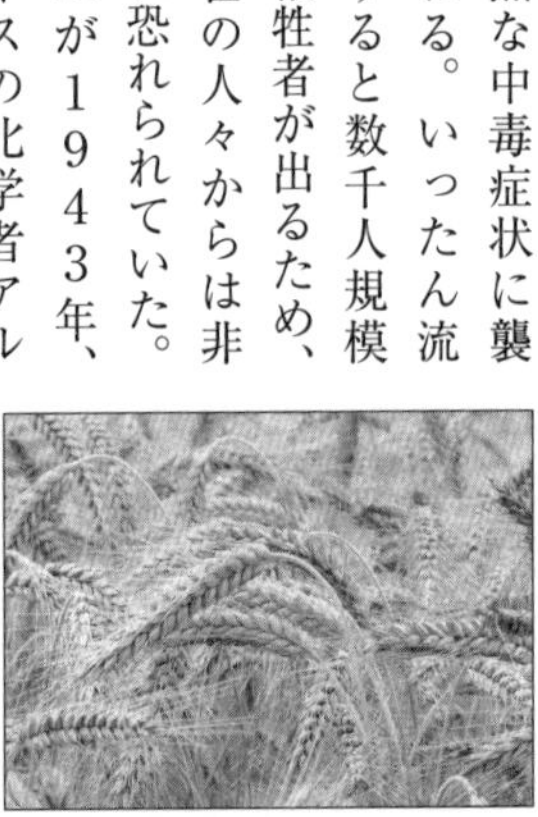

　ＬＳＤは服用すると陶酔感が得られ、五感が鋭敏になることから、当初は精神療法

などで活用された。だが、1960年代のアメリカでヒッピーを中心に濫用が広がり、妄想や精神錯乱などの副作用も知られるようになったため、世界各国で違法薬物に指定されていった。

現在、麦角菌は製粉段階で除去されるので体内に入る心配はない。もちろん小麦をどれほど摂取しても、幻覚を見ることはないのでご安心を。

戦後は覚醒剤が薬局で売られていた

厚生労働省の報告では、毎年1万人強が覚醒剤の所持・使用などによって検挙されている。違法薬物であるため、所持者は厳しく処罰されるが、戦争が終わった直後は事情が違った。覚醒剤は、町の薬局で普通に売られる「お薬」だったのだ。

1941年、太平洋戦争が勃発した年に、覚醒剤は「ヒロポン」の商品名で市販された。謳い文句は、「疲労回復」「体力亢進《こうしん》」など。現在では即アウトな文言だが、当時は依存性や毒性が知られておらず、神経興奮作用だけが着目されていた。

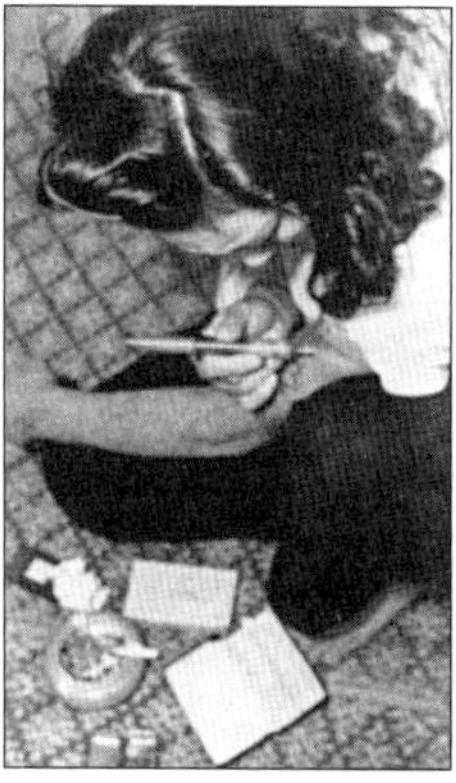

1950年代、覚醒剤を打つ女性の様子。依存症患者が増加し、社会問題になった。

軍では兵士の士気高揚や軍需工場での生産性向上のためにヒロポンを配布していたし、出撃前の特攻隊員にも、死の恐怖を紛らわせるためにヒロポンが与えられた。

さらに敗戦後は、軍から流出したヒロポンが、手ごろな興奮剤として薬局に並べられ、肉体労働者などの間で広まるようになった。値段は1949年の時点で、注射10本入りが81円50銭、錠剤20錠入りが21円。当時煙草が10本50円であったことを考えると、お手ごろ価格といっていい。

興味本位で始める者も急増し、実に50万人以上の人々が覚醒剤中毒に陥ったとされている。爆発的なヒロポンブームは、1951年に覚醒剤取締法が施行されるまで続いた。

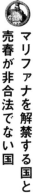

マリファナを解禁する国と売春が非合法でない国

日本で非合法とされる行為も、他国では合法となるケースが多々ある。マリファナと売春を認めているオランダがいい例だ。オランダ政府がこれらを容認しているのは、「厳罰化しても撲滅できないから、いっそ国の管理下に置いて犯罪を最小限に抑えよう」という考えに基づいている。

同じような理由から、南米ウルグアイでも、2017年7月から国の管理のもとマリファナが市販されるようになった。政府が生産や流通を仕切ることで、麻薬密売組織を弱体化させることが目的だ。販売価格は5gで187ペソ（約730円）だが、これは密売価格より7割程度安い設定だということを忘れずに。なおアメリカのネバダ州やワシントン州などでも、条件付きでマリファナが容認されているが、こちらは医療用や嗜好品として消費されている。

売春に関しても、ニュージーランドで2003年に合法化されている。職業として国が公認することで、売春以外で生計が立てられない女性に社会的な保護を与えることが目的だ。さらに、ドイツやデンマークでも売春は認められ、スイスでは車で訪れる人だけが利用できる「セックスドライブイン」なる売春施設も存在する。

ただし、目的は業者や働く女性を行政側が登録して管理し、非合法な強制売春を排除して治安を維持することにある。いわば苦肉の策であるということを忘れずに。

少年犯罪は減少気味だが高齢者犯罪は増加

未成年者による凶悪事件が起こると、メディアやSNS上からは少年犯罪増加を懸念する声が上がる。2015年に内閣府が行った『少年非行に関する世論調査』でも、「少年犯罪は増えている」と回答した人は8割にのぼった。

だが実のところ、少年犯罪は減り続けている。

『犯罪白書』によると、少年による刑法犯の検挙数は2004年で19万3000人。それ以降は減少し、2019年は約2万人。

逆に増えているのが、65歳以上の高齢者の犯罪だ。1989年は7000件程度であったが、2019年には約4万2500件。同年に検挙された刑法犯のうち、全体の22%という過去最悪の割合となった。

高齢者の犯罪の半数は窃盗で、特に女性は8割以上が万引きで逮捕されている。動機は経済的事情が多いとされるが、中には認知症で善悪の判断ができず犯行に及んだというケースも見られる。さらに、2011年に高知県で94歳の男性が「介護疲れ」により妻を殺害、2年後には奈良県でも96歳の男性が同様の事件を起こすなど、殺人事件にも超高齢化が見られるようになった。

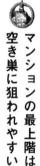

マンションの最上階は空き巣に狙われやすい

同じマンションであっても、最上階となると、価格が高くなる物件がある。眺めがいいのに加え、防犯の面でも有利と考えられるからだ。確かに1階や2階は侵入がたやすく、空き巣に入られる可能性も高いように思われる。しかし、もっとも空き巣に狙われやすいのは、低層階ではなく最上階だという指摘もある。

空き巣が室内に侵入するのは、鍵をこじ開けたり、窓ガラスを破ったりしやすいベランダが多い。低層階であれば地上から人目につきやすいが、最上階であればベランダにさえ入ってしまえば入居者以外の目にさらされることはない。

ではどのようにして最上階に侵入するのか？　一つは、屋上からロープでベランダに下りる手口である。最上階の住人は、まさか部屋の上から人がくるとは考えてもいないので油断しがちだ。外出時に鍵をかけ忘れたり、春や秋なら窓を開けたまま寝てしまったりすることもありえる。そんな油断を、空き巣は狙うのだ。

これは空き巣だけでなく、一人暮らしの女性を狙う犯罪者も同じ。予防するには、ベランダの窓にも二重三重の鍵をつける。マンションを選ぶときは、簡単に屋上に入ることのできない物件を選ぶと安全だ。

「淫らな」「いかがわしい」「いたずら」どう違う？

メディアが性犯罪を報じる際は、「淫らな行為」「わいせつな行為」「いかがわしい行為」「いたずら」など、オブラートに包んだ言い回しをすることが多い。被害者のプライバシーを保護するために用いられる表現だが、それぞれどう違うのだろう？

まず「淫らな」は、18歳未満の相手との性行為があった場合によく使われる。陰部の露出など、公然わいせつ罪に該当する行為に用いられることも多い。

「わいせつな行為」は、性行為自体は無いが、相手の意に反して服を脱がせたり、体に接触したりする行為を指すとされる。痴漢の場合、下着の中に手を入れた場合は「強制わいせつ罪」が、下着の上から触れると「迷惑防止条例違反」が適用されるケースが多いようだ。

「いかがわしい」は、「いかがわしいビデオの販売」など、人の性欲をむやみに刺激するような行為に使われる傾向がある。

最後の「いたずら」は、明確な対象はない。強制性交から痴漢行為など、幅広く使用されているようだ。ただ、いたずらでは「些細な事件」という印象を与えるため、安易には用いない新聞社もあるらしい。

宝くじに当たる確率より殺される確率の方が高い

殺人事件も報道で知るぶんには、遠い世界の話と思うかもしれない。だが、ある日事件に巻き込まれ、犠牲者になる可能性も決してゼロではない。では実際、あなたが殺人事件の被害者となる確率はどれぐらいなのだろう。

警察庁がまとめた犯罪情勢によると、２０２０年の殺人事件の被害者数は３１８人で、２０１９年は３１２人（未遂は前者が６１１人、後者が６３８人）。日本の人口が約１億２６００万人なので、およそ１００万人中２・４人、最低でも50万人に１人が殺人事件の被害者になっていることがわかる。このことから、あなたが殺される確率は、約０・００００２％である。

ちなみに２０２０年の年末ジャンボ宝く

じの1等賞金は7億円だったが、その当選確率は2000万分の1といわれている。つまり宝くじに当たるよりも、殺人事件の被害者になる確率の方が40倍高いのである。

とはいえ、この確率は世界的には相当低い水準である。人口10万人に対する被害者数でいえば、日本は0・2だが、2017年のデータではアメリカが20倍以上の5・3。南米のエルサルバドルは一時期よりは減ったものの、それでも14という数字が出ている。この数字を見る限り、いかに日本が治安のいい国であるかがわかるだろう。

ライオンズクラブの創設者はフリーメイソン

ライオンズクラブとロータリークラブがフリーメイソンと密接な関係にある、と聞くと驚くかもしれない。

ロータリークラブ創設者であるポール・ハリスとライオンズクラブ創設者であるメルビン・ジョーンズは、フリーメイソンの会員だった。両者はフリーメイソンの秘密主義を嫌い、社会奉仕と慈善活動に専念するオープンな組織として、各々の団体を設立したといわれている。

では、両者が嫌ったフリーメイソンとはどんな組織か？　陰謀論の黒幕のように思われることが多いが、そうした

ライオンズクラブの創設者
メルビン・ジョーンズ

イメージは後世の印象操作による。もともとは、スコットランドとイングランド北部の石工たちが、自分たちの権利、技術、知識を守るために結成した職人集団だった。

会員は儀礼を行ったり、親睦《しんぼく》を深めたり、新人教育を行ったりした。その際、他の職人に集団の活動が漏れないよう、独特の合言葉や握手法が用いられていた。外から見れば、秘密主義の集団である。これに魅《ひ》かれた貴族や名士が類似の儀式や会合を趣味レベルで開くようになり、やがて欧米を中心として広がっていくことになる。

つまり、フリーメイソンとは「伝統的な秘密事項を守って運営されている親睦団体」に過ぎない。ロータリークラブやライオンズクラブと大した違いはないのである。

世界征服をたくらむ？ イルミナティ存在の是非

世界を人知れず支配しているとされる組織「イルミナティ」。1776年にドイツのアダム・ヴァイスハウプト大学教授が設立した「バイエルン啓明結社《けいめいけっしゃ》」が始まりとされる。君主制の打破とユートピアの実現を目指したが、政府の弾圧で9年後に解散。それでも残党が陰で勢力を

バイエルン啓明結社の創設者とされるヴァイスハウプト（左）とイルミナティの存在を広めた作家ウェブスター（右）

伸ばし、フランス革命を含む歴史的事件を起こし世界を裏から操ったという。ナチスやロシア革命を起こしたボリシェヴィキですら、イルミナティの手足でしかないと一部ではいわれる。

　だが実のところ、これらの噂は全くのデタラメで、組織が実在したことはない。

　フランス革命後、民衆への敗北を認めたくない権力者の多くは、巨大組織の暗躍があったと信じ込もうとした。その巨大組織とされたのが、すでに解散していたバイエルン啓明結社だ。

　このときからイルミナティの噂は権力者の間で一人歩きを始めるようになる。20世紀になるとイギリスの女性作家ネスタ・ウェブスターが組織の実在を訴えた。代表作『世界革命とイルミナティ』で書かれていたのは、巷で語られるイメージそのもの。彼女の著書が人気を博したことで、イルミナティの噂は真実味を持って世界中に広まった、というわけだ。

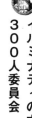

イルミナティの中心派閥？ ３００人委員会

　１６００年に設立され、大英帝国のアジア貿易を独占したイギリス東インド会社。その中の３００人評議会が母体となって１７２７年に設立されたといわれているのが、「３００人委員会」だ。その実態は、貿易に乗じてアヘンを売りさばき、巨万の富で世界に暗躍する闇の組織だともいわれている。

３００人委員会のメンバーは、イルミナティの会員が大勢を占めている。根本的な思想は霊的な高揚を求めるイルミニズムと悪魔主義だ。目的は「ワン・ワールド」、つまり、世界支配である。政界・財界・宗教界のそうそうたるメンバーが集い、現在も多くの秘密組織に多大なる影響力を発揮している――。

以上は、３００人委員会に関する「噂」である。この組織について、アメリカのジョン・コールマンが多くの著作を執筆しているが、いずれも陰謀論の域を出ない。

日本でも３００人委員会について記された書物が出されてはいるものの、その存在を裏付ける証拠は書かれていない。そもそもイルミナティ自体、架空の組織というのが定説となっているので、３００人委員会も都市伝説だと捉えるべきだろう。

キリストの子孫による組織？
シオン修道会

ミステリー小説『ダヴィンチ・コード』のヒットで世界中に名が知れた「シオン修道会」。設立目的は、ヨーロッパ最古の統一王朝とされるメロヴィング朝の子孫を、ヨーロッパの元首として復位させることである。彼らは、メロヴィング朝こそイエス・キリストの直系だと主張していた。キリストは子孫を残していたというのだ。

創設者は、メロヴィング朝の血を引くと

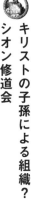

いうゴドフロワ・ド・ブイヨン。キリストと王朝の秘密を守りぬくため11世紀にシオン修道会を設立したという。メンバーには、アイザック・ニュートン、ヴィクトル・ユーゴー、レオナルド・ダ・ヴィンチなどの一流の科学者、文学者が名を連ねていたといわれている。

　いかにも秘密結社といった具合だが、これらの内容はすべてデタラメだ。本物のシオン修道会は、オカルトマニアのピエール・プランタールが１９５６年に設立した、歴史の浅い組織である。メロヴィング王朝の末裔というのもピエールがつくった設定で、友人同士で道楽のために設立したのだった。

　ところが、ピエールが友人の放送作家に作らせたウソの秘密文書をパリの国立図書館に紛れ込ませてしまい、それが他人の目に触れ、さまざまな噂が一人歩きした。その結果、伝統ある巨大秘密結社として語られるようになったというのが、この結社の真相である。

魔術で死を克服しようとした？　オカルト組織薔薇十字団

　17世紀初頭のヨーロッパで、王侯貴族の注目を浴びていたオカルトまがいの秘密結社。それが「薔薇十字団《ばらじゅうじだん》」だ。

　中世の社会に突如出現した薔薇十字団のメンバーは、リーダーから末端に至るまで神々の英知を極めた、人知を超える類まれなる術者ばかりだったという。

組織の目的は、死の克服と社会の変革による民衆救済だ。メンバーは魔術で姿を消しているため見ることはかなわず、結界を張られた拠点の発見も不可能とされた。

このような情報は、1614年に忽然と現れた怪文書『同胞団（友愛団）の名声』に記されていた。翌年には続編『同胞団の信仰告白』、翌々年に組織を解説した幻想小説『化学の結婚』が発見されている。錬金術や魔術に関する記述に貴族は魅了され、薔薇十字団ブームは最高潮に達した。

3冊の著者は長年不明とされていたが、17世紀ドイツの聖職者ヨハン・ヴァレンティン・アンドレーエが自伝で、小説の練習として仲間と執筆したと記している。

このことから、薔薇十字団騒動はアンドレーエの習作が外部へ流出し、影響された権力者が実在しない秘密結社を追い求めたことが真相だとされている。

薔薇十字団騒動のきっかけとなった小説の作者アンドレーエ

ただし、アンドレーエが執筆した証拠は自伝以外になく、本当に作者かどうなのかは不明。そのため、薔薇十字団の存在を信じる者は未だに少なくないという。

国王の借金で壊滅させられたテンプル騎士団

イスラム勢力から聖地エルサレムを奪還

すべく、1096年に第1次十字軍が結成された。十字軍はイスラム教徒らを追い出すことに成功したが、少数の聖職者を残して大半は撤退。聖地へ向かう巡礼者の保護や交通路の整備などに不安が残ることになった。

こうした事態に対応すべく結成されたのが、テンプル騎士団だ。当初は9人に過ぎなかったが、次第にローマ教皇の公認、納税の免除、土地建物の管理権など多くの特権を得て、入団希望者は増加していった。

入団希望者は私有財産を差し出すことが義務付けられ、ヨーロッパ各地の領主らも財産を寄進した。そのため、騎士団の財力はどんどん強大になっていく。騎士団はこれらを運営資金としてだけでなく、王侯貴族への融資としても活用した。

順風満帆に見えたテンプル騎士団だが、金の集まるところには、望まぬ者もやってくるもの。この財力に、フランス王のフィリップ4世が目をつけた。フランスは極度の財政難であったにもかかわらず、国王はテンプル騎士団から莫大な借金をして浪費に明け暮れていた。王はこの借金を帳消しにし、さらには資産を没収しようと目論んだのである。

1307年、

テンプル騎士団結成のきっかけとなった第一回十字軍の様子（エミール・シニョル「十字軍のエルサレム奪還」）

フィリップ4世は全騎士団員の逮捕を命じた。騎士団たちは拷問にかけられ、犯してもいない罪を自白させられる。その結果、騎士団は解散となり、指導者たちは火炙《ひあぶ》りによって処刑された。

悪魔を崇拝した猥雑な集団 地獄の火クラブ

世界には神を冒涜し、悪魔を称える組織が存在する。18世紀のイギリスに誕生した地獄の火クラブも、そんな秘密結社の一つだ。主宰者はフランシス・ダッシュウッドという大富豪の貴族。テムズ河畔《かはん》の修道院を買い取ると、そこを結社の拠点とした。

ダッシュウッドは修道院内に十二使徒の猥褻《わいせつ》な壁画を掛け、男根を露わにした神々の彫刻を配するなど、徹底して神を貶めた。会員は処女の裸体に葡萄酒を垂らし、悪魔を賛美する歌を唱える「黒ミサ」を行っていたという。

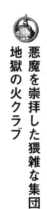

メンバーたちはキリスト教の性的なタブーも次々と犯した。近親相姦から同性愛、獣姦、ＳＭプレイなど、ありとあらゆる性行為を繰り広げ、娼婦を招くと、彼女らにおよそ考えられるだけの体位を要求したといわれている。実のところ、メンバーも悪魔信仰などは口実で、セックス三昧のイベントが目当てであったという。

会員は上流階級出身者が多く、後に首相となるジョン・ステュアート伯爵などもメンバーであったとされる。だが、目に余る狂態が世間の顰蹙《ひんしゅく》を買い、地獄の火クラブも数十年ほどで解散に追い込まれ、関連書類もすべて焼却されている。噂が独り歩きしている可能性もあるが、事実だとすれば不気味な存在である。

去勢を信仰の証にした狂信集団 ロシアのスコプチ

18世紀末の帝政ロシア時代に存在した秘密結社「スコプチ」。スコプチとはキリスト教の一派で「去勢された者」を意味し、その名のとおり、自らの性器を切り落とし、それを信仰の証とする過激な教団だ。

スコプチの教祖はコンドラティ・セリワノフなる人物。もとは逃亡奴隷であったという。彼は、この世の諸悪の根源は肉欲にあるとし、それを根絶するためには去勢以外に方法はないと主張。さらには、「全人類に対し去勢を行う」ことをスコプチの最終目標として掲げた。

去勢は男性のみならず、女性にも乳房の切除という形で実施された。手術にはハサミやナイフの他、熱した鉄棒などが使われたという。切除部分がメンバーの面前で炎に投げ込まれたことから、信者たちはこの儀式を「火のバプティスマ（洗礼）」と呼んだ。

またスコプチの中には金融業者もいたが、彼らは金を貸す際、睾丸《こうがん》を抵当に取り、返済できない場合には去勢させ、信者にしたと伝えられる。

スコプチの勢力拡大を恐れたロシア政府は、セリワノフを逮捕。彼は獄中で亡くなるが、その爪痕は大きく、20世紀初頭には10万人以上のスコプチが存在したと推定されている。

ヴァチカンが嫌う新興宗教 メキシコのサンタ・ムエルテ

外務省のホームページによると、メキシコは国民の約8割がカトリックだという。しかし、熱心な信者は減少傾向にあり、代わってヴァチカンの嫌うある新興宗教が、勢力を拡大している。それがサンタ・ムエルテだ。

サンタ・ムエルテとは、直訳すると「死の聖人」。その名のとおり、死を信仰対象にした呪術的な宗教である。

メキシコ北東の都市ヌエボ・ラレドにみられるサンタ・ムエルテの偶像

信者が祈りを捧げるのは、大鎌を手にする骸骨の偶像だ。これだけ聞くと死神をイメージするが、骸骨が身にまとうのは黒いローブではなく、赤やピンク、黄色に緑といった、派手な色のローブやドレス。このミニチュア像をお守りのように持ち運ぶ者もいれば、人間大の偶像のためにマリファナの煙を吐きかける者もいる。そうした需要があるからなのか、サンタ・ムエルテ像を販売する売店も少なくない。

なぜこんな信仰が広がっているのか？

元々は、2001年、テピート地区に暮らす女性エンリケタ・ロメロが祭壇を設置したことにある。同地区は、治安が不安定で犯罪や死が身近な貧困地帯だ。現実への不安を抱きながらも、伝統宗教は死を積極的に取り扱わない。この穴を埋める形で、サンタ・ムエルテが広がっていったのである。

　信者の中にはカトリックに帰依する者が少なくないが、ヴァチカンの司教のひとりはサンタ・ムエルテへの不快感を示しており、共存は難しい。

　2012年には、ヴァチカンを不安にさせるある出来事が起きている。死の聖人に生き血を捧げるため、信者8人によって、少年2人と44歳の女性が殺されたのである。

　そんな事件が起きたあとでも、サンタ・ムエルテ信仰は勢いを失っていない。むしろ、貧困層や犯罪者など、社会の裏側にいる人々の間には、着実に浸透している。死の不安に悩まされる人が減らない限り、こうした信仰は止まないだろう。

旅行者の殺害を目的としたインドのパンシガル

　インドでは12世紀頃から19世紀まで「パンシガル」と呼ばれる秘密結社が存在した。彼らはヒンドゥー教の神・カーリーを崇拝する集団であったが、その活動内容は何と旅人の殺害であった。

　パンシガルは標的を定めると3人一組で

言葉巧みに近づき、隙を見てはスカーフで絞殺していった。パンシガルにはインドやパキスタンの言語ヒンドゥスターニー語で「輪状の罠」という意味があるが、それはこの殺害方法に由来すると考えられている。

だが、なぜ殺人が教義に掲げられたのか。それは、カーリーが戦いと殺戮を司る神であったためとされる。つまり、パンシガルにとって殺人行為は神に生贄を捧げる宗教儀礼であったのだ。絞殺を選んだのも、血をカーリーに捧げるために流血を避ける目的があったといわれている。

ただ、彼らは無差別殺人を実行していたわけではない。カーリーが女神で手工業の守護神であったことから、女性や鍛冶職人は見逃していたという。

とはいえ、パンシガルの犠牲になった者は、少なくとも100万人以上と推定されている。

時代が下ってパンシガルの存在が明るみに出ると、1830年にときのインド総督がパンシガルの撲滅を命令。旅人を震え上がらせた殺戮教徒も、次第に姿を消していった。

パンシガルが信仰するヒンドゥー教の女神カーリー

暗殺者を意味するアサシンはイスラム教が起源

暗殺者を英語で「アサシン（assassin）」

と呼ぶが、その語源はイスラム教の異端宗派アサシン派に由来すると言われる。

　アサシン派は11世紀頃、イラン北西部に位置するアラムート山に拠点を置いた教団で、創始者はハサン・サッバーフである。

暗殺集団の創設者ハサン・サッバーフ。拠点のアラムート山は「鷹の巣」を意味する。

　当時アサシン派は、同じイスラム教であるスンニ派やキリスト教徒のテンプル騎士団などと対立していた。だが、アサシン派は数で劣るため、正面切っての闘争では勝ち目がない。そこで、ハサンが選んだ手段が要人の暗殺であった。

　アサシン派は、特に信心深い若者を暗殺者として養成した。その際、大麻を服用させて強い陶酔感に浸らせたという。暗殺に成功すれば楽園に行くことができる、と洗脳し、20年間で50人以上の暗殺に成功したと伝えられている。

　また、大麻は現在でも「ハシシ」などと呼ばれるが、アサシンもここから転じた言葉とする説もある。

　暗殺により勢力を拡大したアサシン派であったが、その隆盛が長続きすることはなかった。13世紀中頃にはモンゴル帝国の勢いにおされて衰退し、さらに正統派のイスラム教を信奉するマムルーク朝（現在のエジプト、シリア）の攻撃にも晒され、滅亡の道を辿るのである。

ケニアの独立に関与
白人の支配に抗ったマウマウ団

アフリカ東部に位置するケニア共和国。1963年にイギリスから独立を果たしたが、その際、大きな影響を与えたといわれるのが、秘密結社「マウマウ団」である。

マウマウ団とは、ケニア最大の民族キクユ族を中心に組織された結社で、誕生したのは1940年代初頭と見られている。目的は、彼らの土地に入植した白人を排除することにあった。キクユ族は割礼の儀式など独自の伝統的習俗を持っていたが、イギリスの植民地政府がこれらを禁じたため、不満が募っていたのだ。

日本語にすると間の抜けた響きになるが、マウマウはキクユ語の「ウマウマ（外、外）」が訛《なま》った言葉といわれ、外に警官がいることを知らせる合図であったとされる。

パトロール中のイギリス兵。反白人感情の高まりからイギリス軍と独立派が衝突し、多数の犠牲者が出た。

入団の際には加入者が手首を切り、滴る血を羊肉に垂らすなどの儀礼が行われていたという。

イギリスとの対立は激化し、1952年に「マウマウ団の乱」が勃発。ゲリラ戦を展開するマウマウ団と、イギリス軍の間で血みどろの戦いが繰り広げられることになった。反乱は1960年に鎮圧され、マウマウ団には1万人を超える犠牲者が出たとされる。多大な犠牲を払ったが、これを機に国内では独立運動がさらに加熱し、やがてイギリスから自由を勝ち取るのである。

イギリスの天才が集結したソ連のスパイ軍団

第二次世界大戦時にはさまざまなスパイが暗躍したが、中には国家の中枢に近い人物が他国に機密情報を流していたケースもある。そのような裏切りを平然と行っていたのが、「ケンブリッジ5人組」と呼ばれるスパイ軍団だ。

彼らはイギリス中の秀才が集まるケンブリッジ大学で学んでいたが、１９２９年の世界大恐慌などで資本主義の体制に疑問を持つと、共産主義に傾倒するようになった。

5人はソ連の情報機関NKVD（後のKGB）にスカウトされると、英国王室や外務省にスパイとして潜入した。MI6（英国情報局秘密情報部）に勤務したキム・フィルビーは文書保管係に酒を飲ませるなどして接近し、重要資料を次々と入手。手口が長年発覚しなかったことから、彼は後に「MI6の規律は厳格ではなかった」と述べている。

戦後、イギリスが共産圏からの亡命者を対ソ連の諜報活動に利用する作戦を立案した際にも、5人が暗躍した。情報をソ連に流出させたことで、多くの西側スパイが命を失ったのである。

やがて、1951年にイギリス当局からスパイ疑惑をもたれると、5人組の多くはソ連に亡命。イギリスでは「売国奴」の烙印を押されたがソ連では英雄視され、「大物5人組」と呼ばれることとなった。

ナチスの設立の母体となったトゥーレ協会

第二次世界大戦中のドイツに独裁体制を敷いたナチス。そんなナチスの成立に、多大な支援を行ったのが「トゥーレ協会」だ。

1912年、ドイツのオカルティストたちは、アーリア人至上主義と反ユダヤ主義を掲げる「ゲルマン騎士団」を創設した。その6年後に設立されたバイエルン支部が、のちのトゥーレ協会だ。

やがてトゥーレ協会は政治色を強め、反共産主義勢力に資金や武器を提供しはじめた。1919年には会員らが「ドイツ労働者党」を結成。これがのちのナチスである。

若き日のヒトラーに目をかけたディートリヒ・エッカート

トゥーレ協会の会員には、ルドルフ・ヘスらナチスの重鎮が名を連ねた。中でも、ドイツ労働者党創設者のひとりであるディートリヒ・エッカートは、30代のころのヒトラーに多大な影響を与えたことで知られる。

ヒトラー自身はトゥーレ協会には入っていなかったが、エッカートから反ユダヤ主義や民族主義、果ては黒魔術、悪魔との交信方法を教え込まれたともいわれている。ハインリヒ・ヒムラーが「ドイチェス・アーネンエルベ」を設立したのも、これらの影響が大きいと考えられている。

しかし、ナチスは大衆の人気を奪われることを恐れ、オカルト団体や秘密結社の活動を禁止。設立を支援したにもかかわらず、トゥーレ協会はナチスの手によって解散に追い込まれたのだった。

ナチスのオカルト局 ドイチェス・アーネンエルベ

ナチス・ドイツ政権下ではさまざまな機関が存在したが、中でもひときわ異端視されたのが「ドイチェス・アーネンエルベ（ドイツ祖国遺産協会）」だ。1935年にナチス親衛隊の指導者ハインリヒ・ヒムラーが設立した研究機関である。

組織の目的は、ドイツ人の祖先とされるアーリア人の偉業を歴史の中に見出し、その研究成果を大衆に伝えることであった。

ただ、ヒムラー自身が宇宙人との交流を試みる空想家であったためか、隊員らも次第に神秘思想に傾倒する。「シャンバラ伝説」の探求はその一つだ。シャンバラとはチベット密教に伝わる地下王国の名で、その住民こそが

ドイチェス・アーネンエルベの設立者ヒムラー（Ⓒ Friedrich Franz Bauer／ドイツ連邦公文書館）

アーリア人の起源であるとする。実際、隊員はヒマラヤ山脈に赴き、シャンバラの捜索に明け暮れたといわれる。

また、太陽系が灼熱の天体と氷の天体の衝突によって生じたとする「宇宙氷説」のような研究にも大真面目に取り組み、医学部門ではアーリア人以外の人種を根絶する目的で、収容所の囚人にX線照射や手術による断種実験も行っていたとされる。

このように、アーネンエルベは荒唐無稽な研究や非道な実験を多く行っていたため、「ナチスのオカルト局」とも呼ばれている。

ナチスのトップスパイが設立 ゲーレン機関

ドイツにはテロ対策や政情分析などを行うＢＮＤ（連邦情報局）があるが、その前身は「ゲーレン機関」と呼ばれる組織であった。設立したラインハルト・ゲーレンは、ナチスの元トップスパイである。

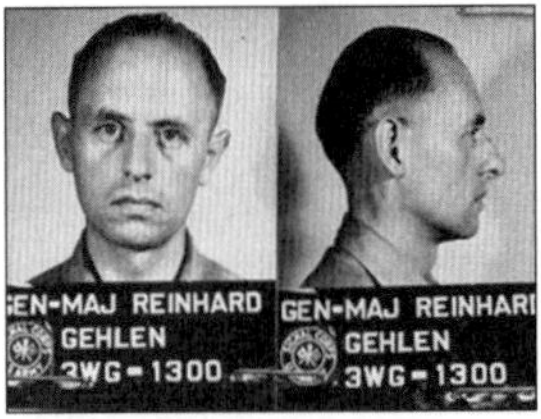

ナチスのスパイ組織を主導したゲーレン。写真は連合軍の捕虜になった際に撮影された。

ゲーレンは第二次世界大戦中、陸軍参謀本部でソ連の情報収集を主務とする東方外国軍課の課長に着任した。するとソ連軍の捕虜などを利用し、広範な対ソ諜報網を構築。精度の高い情報を軍にもたらした。

だが、戦局に悲観的な分析も行ったため

にヒトラーの怒りに触れ、ゲーレンは職務を失ってしまう。

そんなゲーレンの諜報能力に目をつけたのが、アメリカだ。アメリカ政府は戦後にゲーレンを保護すると、今後の東西冷戦を見据え、西ドイツにおける対ソ連の諜報部門をゲーレンに担わせようとした。こうして誕生したのが、ゲーレン機関である。

ゲーレンはアメリカの保護のもと、元ナチスなどもメンバーに迎えて機関を創設した。しかも、「二国間の利益が相反した場合は、ドイツの利益を優先する」などの条件も勝ち取っている。どうやらソ連の機密文書を駆け引きの道具に使うなどして、アメリカから条件を引き出したらしい。

元スパイのしたたかさが生んだゲーレン機関は、１９５５年にＢＮＤと改名。ゲーレンは初代局長に就任した。現在では約７０００人もの職員が在籍している。

ナチスが警戒した「黒い」「赤い」オーケストラ

現在でこそ、アドルフ・ヒトラーは忌むべき存在とみなされているが、政権を握ったときには国民投票総数の約90%という圧倒的な支持を得て、ドイツの国家元首に就任している。

しかし、すべての国民が彼を支持したわけではなく、反発を覚えるグループもあった。それが「黒いオーケストラ」と「赤いオーケストラ」だ。

オーケストラという名称は、ナチスの秘密警察「ゲシュタポ」がスパイの無線交信を演奏になぞらえてつけたスラングのこと。「黒」は陸軍内の反ナチス組織をいう。ヒトラーの対外政策に懸念を覚えた黒いオーケストラは、新政府の樹立を計画し、ヒトラー暗殺にまで発展させた。

しかし、暗殺計画は何度も失敗。やがて首謀者は逮捕され、メンバー達の処刑はドイツ敗北の直前まで行われた。

一方の「赤」は、ソ連に情報を流した共産主義者のスパイ網を指す。中心人物はドイツ占領下のフランスで活動していたユダヤ人のレオポルド・トレッペル。ゲシュタポに捕まり二重スパイとして利用されそうになるが、脱走してモスクワに渡った。

だが、ソ連から警戒されて情報は顧みられず、それどころか二重スパイを疑われ入獄。約10年間の獄中生活を強いられた。

黒いオーケストラのルートヴィヒ・ベック元陸軍参謀本部総長。ヒトラー暗殺に失敗して自害した。

ナポリを牛耳るギャング団 カモッラ

風光明媚《ふうこうめいび》な観光地として名高いイタリアのナポリ。美食や絶景を求めて観光客が集まるが、この華やかな街にも暗部がある。それが犯罪結社「カモッラ」の存在だ。

カモッラは19世紀初頭にスペインの移民

を中心に結成された。一説には、組織名はイベリア半島中央地域のカスティーリャ語で「暴力的闘争」を意味するという。

結社の首領は、男性ながら「神聖なママ」と呼ばれた。メンバーは物乞いや窃盗を行う下級クラスと、恐喝や強請《ゆすり》を生業とする上級クラスで構成。主な収入源は、賭場や売春宿の売上のピンハネであったという。

これだけ見るとただの暴力組織だが、実は治安部隊の役割を担った過去もある。

19世紀のイタリアは小国家に分かれ、統一に向けた革命運動で社会が混乱していた。信頼できる政府もなかったため、ナポリ市も力のあるカモッラに治安維持を任せたのである。

現在もカモッラは6000人以上のメンバーを抱え、隠然たる存在感を誇示している。例えば、カモッラはナポリの産廃ビジネスを牛耳っていたが、市は彼らを排除すべく2008年にゴミ焼却場の建設を計画する。これに対しカモッラは大規模な反対運動を起こし、既存のゴミ焼却場も閉鎖。その結果、ナポリは街がゴミで溢れかえる事態になったのだった。

20世紀初頭のカモッラのメンバー

白人至上主義の象徴 過激組織ＫＫＫの脅威

　アメリカは、多くの民族が混在して成り立つ国家である。しかし、だからといってすべての人々が平等に暮らしているわけではなく、中には「白人至上主義」を掲げて有色人種の排斥を目指す結社もある。それが悪名高い「クー・クラックス・クラン（ＫＫＫ）」だ。白装束に白い三角頭巾を被り、目だけが穴越しに覗いている姿からは、不気味な印象を受ける。

　その起源は、奴隷制度の存廃をめぐる南北戦争が終結した、１８６５年にまでさかのぼる。メンバーは、戦争から復員した南部兵や戦地へ赴かずに済んだ大学生たち。暇つぶしとして始まり、政治的な集まりではなかったが、これに目をつけた差別主義者が乗っ取って活動を拡大。黒人に暴行を加え、擁護する白人も容赦しない危険な組織に成長した。

1920年代のKKKによる集会

　そうした姿勢が非難を浴びて１８６９年に解散したが、１９１５年にウィリアム・ジョセフ・シモンズが第２のＫＫＫを結成。今度は人種差別だけでなく、カトリックや左翼団体、同性愛者やフェミニズムなどに対しても反対の立場を取った。最盛期には７００万人以上のメンバーを擁し、デモなどの穏健な行動だけでなく、殺人や放火といった暴力行為も繰り返した。

　当然、世間の非難を浴びて会員は激減し、現在は小規模な団体に分かれて1万人に満たないとされるが、潜在的に支持する市民や政治家は少なくないとされる。ネオナチなどの極右組織との結びつきも指摘されているため、アメリカでは今でも警戒が解かれていない団体である。

エリート同士の結束力を強化 スカル＆ボーンズ

　エリート中のエリートばかりで構成されたアメリカの秘密結社。それが「スカル＆ボーンズ」だ。公開されている名簿には、第27代大統領のウィリアム・タフトや第41・43代のブッシュ親子、2004年の大統領選に出馬したジョン・ケリー元国務長官ら大物が名を連ねる。いったいどんな組織なのだろう？

スカル＆ボーンズに名を連ねたジョージ・W・ブッシュ元大統領

　スカル＆ボーンズは、名門校イェール大学の学生たちによって、1832年に結成された。トゥーレ協会の影響を強く受けていたといわれることもあるが、当初は社交団体に過ぎなかった。目的はメンバー同士が協力し合って、経済的もしくは社会的な成功を収めることだった。
　入会に関する一切は不明だが、「新入生

の中からずば抜けた家柄と能力を持つ15人が選ばれる」ということだけは明らかになっている。ＷＡＳＰ（ホワイト・アングロサクソン・プロテスタント）と呼ばれる白人至上主義のエリートたちが、主に選ばれるようだ。彼らの間では、財力の流出を阻止し、権力の座を守るために、メンバー同士の結婚が奨励されたと主張する者もいる。といっても、組織に関する情報は秘匿されており、詳しいことはわかっていない。

エリートたちが集まったというだけあって、出身者が政治や経済の世界で影響力を発揮していったのは事実だが、個々人の活動が組織の思惑に基づいているかは不明である。

アメリカ史上最悪の集団自殺事件を起こした人民寺院

日本でカルト教団といえばオウム真理教が有名だが、アメリカでカルト教団といえば、１９７８年に９００人に及ぶ集団自殺事件を起こした人民寺院である。

人民寺院の創始者は、ジム・ジョーンズという男だ。母が熱心なクリスチャンで、結婚相手の父親が宣教師だったことから、ジョーンズも若いころから布教活動を行っていた。雄弁な語り口で人種差別撤廃を求めるジョーンズに、黒人や貧困層は期待を寄せたようだ。１９５５年にインディアナポリスに設立された人民寺院は反戦運動にも積極的にとりくみ、リベラルな団体として知られるようになっていった。

だが、その内実は当初から怪しげなものだった。動物の臓器を用いる心霊治療によって資金を集めたり、教団で性的な儀式を行わせたりと、危ういことをやっていた。

ジョーンズの目的は、社会主義的、共産主義的な理想郷を実現することで、宗教活動はその手段でしかなかった。次第におかしな言動を繰り返すようになったが、表向きはそうした点を隠し続け、60年代からは政治家ともつながり社会的地位を築いた。

ジョーンズの異常性は、「ジョーンズタウン」に表れている。１９７４年、ジョーンズとそれに従う信者が、南米ガイアナの土地を購入して開拓した場所である。ジョーンズは「社会主義の楽園」だと喧伝したが、実質は信者を搾取する牢獄だった。信者はジョーンズや幹部らによって性的暴行を加えられたり、集団自殺の予行演習をさせられた。外部との接触は遮断され、脱走を図る者には制裁が加えられた。

もちろん、そうした支配が長く続くわけがなく、１９７７年に元信者の告白などによって、教祖の異常性が知られるようになった。そして、１９７８年11月、下院議員らによる視察団がジョーンズタウンを訪れたときに、事件が起きた。視察団の抹殺を図って失敗すると、ジョーンズは信者に自殺を命令したのだ。予行練習どおり、信者たちはシアン化合物を口に含み、約９００人が命を落とした。ジョーンズもこのときに死亡している。

上海の裏社会を牛耳り政治の世界に進出した青幇

戦前の中国には、「青幇《チンパン》」という秘密結社があった。「幇」とは互助会や同業者組合を意味する言葉で、元は上海で結成された水運業者の互助会だった。そんな互助会が裏社会で急成長し、新国家樹立に大きく関与するほど拡大していくのである。

19世紀半ば、欧米列強が中国に進出して不平等条約を押し付け、不当な土地取引を行うようになる。すると中国各地で混乱が続き、水運業が不況に陥った。

職を失った青幇のメンバーは、裏稼業に手を染めるようになる。手がけたのは、麻薬の取引、売春宿の経営、賭場の開帳など。特にアヘンの密売によって、莫大な資金を蓄えた。そして、上海の他の地下組織との抗争の末、中国全土に影響力を及ぼすまでに至ったのである。

青幇の大親分のひとり黄金栄（こうきんえい）

こうした秘密結社の協力を仰いだのが、中華民国建国の父・孫文だ。孫文はマフィアと結託して敵対勢力を攻撃し、清国崩壊の足掛かりをつくった。孫文死後も青幇は国民党と協力して共産主義勢力に対抗しており、政治的に大きな力を持ち続けた。

１９５０年代になると勢力が後退して解散したとされているが、裏社会への影響力は、未だ根強く残っている。

北朝鮮の巨大な独占財閥 朝鮮労働党39号室

国の財政は破綻寸前といわれながら、１基数億円もするミサイルを平気で発射する北朝鮮。その資金は、いったいどこから得ているのか？　不思議に思う人も多いだろう。その謎を解く鍵となるのが「朝鮮労働党39号室」だ。

北朝鮮の第２代最高指導者・金正日《キムジョンイル》が外貨獲得を目的に設立した機関で、39号室とは朝鮮労働党の３号庁舎９号室の意味とされる。その下部組織には、海産物などの取引を行う大興総局や貿易資金の管理を主務とする大聖銀行など１２０もの企業があり、数十万人が従事しているという。

まさに国の経済を独占しているといっていい部署だが、一方では麻薬や偽造タバコの密売といった不法行為にも手を染めているとされる。実際、39号室では「スーパーノート」と呼ばれる極めて精巧な偽１００ドル札も製造していると囁かれ、２００６年の時点でも５０００万ドル（約59億円）相当の偽札が押収されたという。

さらに２０１６年には、韓国と北朝鮮が共同経営する開城《ケソン》工業団地で、韓国企業が北朝鮮労働者に支払った賃金のほとんどが39号室に上納されていたことが判明。その額は年間１億ドル（約１１０億円）にも上るという。これらの資金も、独裁体制の維持に利用されていると考えられる。

性行為を仏教にとりこんだ「彼の法」集団

仏教では通常、僧侶がみだりに性行為をすることはタブー視されている。だが、過去には堂々とセックスを推奨したとんでもない一派があった。それが13世紀前半に興ったとされる「彼の法」集団である。ただし、この名称は宗教学者の彌永信美氏が便宜上に命名したものであり、本来の名は不明だ。

「彼の法」集団は性愛を司る神とする荼枳《だき》尼天《にてん》を本尊とし、髑髏《どくろ》を信仰の対象とする。さらには宗教儀礼に使う絵図である曼荼羅《まんだら》上で乱交を行い、その性的恍惚により即身成仏を目指すなど、淫靡《いんび》極まる修業を行ったと伝えられる。

この集団を非難したのが、真言立川流《しんごんたちかわりゅう》という宗派の心定だ。心定は鎌倉時代の僧侶で、13世紀半ばに『受法用心集』を著し、「彼の法」集団の儀式を詳細に記して糾弾した。

だが、十数年後に別の僧侶が記した『破《は》邪顕正集《じゃけんしょうしゅう》』で、立川流は「彼の法」集団と混同されてしまう。これにより、「彼の法」集団は忘れられ、立川流が邪教と誤認されるようになったともいわれる。

「彼の法」集団は13世紀中期から終期にかけて隆盛を誇ったといわれるが、14世紀前半には消滅。消滅に至る経緯は、史料が少なく不明である。あらぬ疑いを立てられた立川流も、江戸時代中期に断絶している。

4章　科学編

誰でも役割に従ってしまう？ スタンフォード監獄実験

人は与えられた環境と役割で、簡単に性格が変わる。それを証明したとされてきたのが、１９７１年、スタンフォード大学で行われた監獄実験である。

実験場所は、刑務所に見立てた地下施設。リアリティを求めるため、本物の囚人・看守と限りなく似た服装・環境が用意された。

看守役は暴力を禁じられたが、２日目には早くもそれが破られた。待遇改善を求める囚人役の立てこもり事件を契機に看守役は暴力を行使し、さらには無意味な規則を策定。それに違反しようものなら、屈辱的な罰を囚人たちに与えたのである。

しかも、罰を受けた囚人役は従順になり、面会に来た家族や友人にすら実験の異常性を訴えなかった。囚人のひとりが発狂して泣きじゃくる場面もあった。

結局、５日目に実験協力者の牧師が施設の異常に気づき、わずか6日で終了することになったとされる。

だが、しばらくすると実験に、疑問の目が向けられた。同様の実験が行われても、同じような結果が得られなかったからだ。

カリフォルニア大学バークレー校のベン・ブルム博士は調査に乗り出し、驚きの

実験の舞台になったスタンフォード大学

報告書を発表する。所長役の研究者が看守役に対して役割になりきるよう話していた音声データが残っていた他、実験を発案したフィリップ・ジンバルドー教授も、「ある程度不満を感じさせてもいい」と発言。また、発狂した囚人が試験準備のために実験を抜け出そうと演技をしていたこともわかった。つまり、監獄実験は偽装されていたのである。

　こうして、心理学の教科書に載るほど有名な事件の信憑性は崩れ去った。

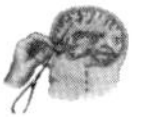

危険すぎてギネスから消えた不眠実験

人間は、どのくらいまで寝なくても大丈夫なのか？　そんな疑問に体を張って答えようとしたのが、アメリカのラジオＤＪピーター・トリップである。

　１９５９年、トリップはチャリティの一環として「２００時間不眠マラソンラジオ」を決行。見事、当時のギネス記録である２００時間を打ち立てた。

　しかしその裏で、彼の心身は蝕《むしば》まれていた。３日目を過ぎたころ、情緒不安定になって単純な数学問題もできなくなり、５日目には頻繁に幻覚を見るようになる。

　最後の66時間は覚醒作用のある薬を飲み、なんとか起きている状態を維持し続けた。このとき、トリップは自分自身が誰だかわからなくなるほど混乱していた。

　さらにこの5年後、トリップの記録を超

える不眠２６４時間が、アメリカの学生ランディ・ガードナーによって達成される。

とはいえガードナーも無事では済まず、途中から感情のコントロールが難しくなって言語障害が頻発した。最終日の11日目には眼球が左右バラバラに動くなど、恐ろしい不調の兆しが随所に現れた。

大記録は達成されたものの、チャレンジ末期のガードナーは「明らかに人体に危険がある」と判断され、不眠実験そのものがギネスから永遠に削除されたのだった。

人は無関心に耐えられないネグレクト実験

現代社会で大きな問題になっているのが、静かな虐待といわれているネグレクト。親の育児放棄により子どもが餓死・病死するケースもあれば、親は最低限の世話はするものの子どもの言動に無関心となる情緒ネグレクトの場合もある。

無関心なだけでは子どもに悪影響はないと思われることもあるが、これが子どもに甚大な被害を与えることを証明したと伝わる人物がいる。12世紀の神聖ローマ帝国を統治した名君フリードリヒ２世だ。

フリードリヒは「教育されない赤ん坊は何語を話すようになるのか」という疑問を解決するため、家臣に命じて帝国中から赤ん坊を集めさせた。万一の事態があってもいいよう、赤ん坊は全て孤児だったという。養育係には「常に無表情で接すること」「赤ん坊に声をかけてはいけない」の二つを徹底させた。

　実験は驚きの結果を迎えた。赤ん坊は言葉を話す前に全員死亡という最悪の事態となったのである。赤ん坊の世話は行き届いていて、身体面では死亡する要素がなかったにもかかわらずだ。

　赤ん坊達の死亡原因は長年謎とされてきたが、近年、さまざまな実験が行われ、その原因は過度のストレスによる病気の発症だったと考えられるようになっている。心の傷でも、人間は死に至りうるのである。

ウソの記憶が真実となる
ロフタスの偽記憶実験

記憶は不確かで信頼できないどころか、「捏造《ねつぞう》」される危険性を持っている。

　それを実験で証明したのが、アメリカの女性心理学者エリザベス・ロフタスだ。

　ロフタスが活動していた1990年代初頭のアメリカは、虐待の記憶を思い出した子どもが親を告発する案件が多発していた。その結果、多くの親が虐待の証拠がないにもかかわらず、子どもの証言だけで有罪となっていた。こうした状況に危機感を抱いていたロフタスは、1993年、記憶の不確実性を確かめる実験を開始したのである。

ロフタスが記憶に関して記したK・ケッチャムとの共著『抑圧された記憶の神話』

ロフタスはまず、被験者の家族から幼少期の思い出話を聞き出した。その思い出に「ショッピングモールで迷子になった」などの偽の思い出話を書き加えた小冊子を被験者に手渡し、思い出に覚えがなければ修正するよう指示をした。

すると、なんとそのうち25％が、架空の思い出話を真実だと思い込んだ。しかも、そこに記されていない迷子になったときの様子や、行ったことのないショッピングモールの構造を事細かに話したという。彼らは記憶を無意識的に捏造したのである。

ロフタスの実験は、大きな反響を呼んだ。記憶頼りの裁判は行われなくなり、客観的証拠のない告発は却下されるようになったのである。

拉致監禁された人質が犯人に恋をすることがある

誘拐されて監禁される。そんな状況に置かれれば、犯人を憎むのが当たり前だ。ところが、人質が心を支配されて言いなりになる、恋をするという現象も起こりうる。有名な「ストックホルム症候群」である。

1973年、ストックホルムの銀行に機関銃で武装した2人の強盗が押し入り、4人の銀行員を人質に取った。しばらくして警察は突入を試みたが、人質たちは助けを求めるどころか警察に歯向かい、犯人をかばう発言を繰り返した。しかも、そのうちの女性銀行員は強盗のひとりと恋をし、のちに婚約までしている。

その翌年には、ロサンゼルスで19歳の少女が左翼組織に拉致され、2カ月間にわたって暴行を受け、監禁されるという事件が起きる。しかし少女は、最終的に組織の男性と恋仲になり、積極的にテロ活動に加わるまでになってしまった。

なぜ、このような現象が起こるのか？　一説には、脳の判断力が変化するからだとされる。人間は極限状態に陥ることで、判断力や認知力が混乱することがある。極度の緊張状態で、しかも狭い環境で犯人に優しくされると、それだけで自分は特別な恩恵を受けていると勘違いしてしまうのだ。

また、精神的ダメージを防ごうと自己防衛反応が起こり、無意識に犯人と感情を一体化するという説もある。感情が環境の影響をいかに受けるか、考えさせる説である。

心の痛みを伝えようとした差別実験

学校では、差別は悪いものだと教えられる。少なくとも、現代において差別をすべきだと教える教師はまずいないだろう。

しかし、アメリカ・アイオワ州にある小学校の3年生の教室では、1968年に差別意識を助長する実験授業が行われていた。授業を発案したのは、当時35歳の女性教員ジェーン・エリオットだ。

実験授業の当日、エリオットは壇上で「今日から、青い目の生徒はダメな子です」と切り出した。青い目の児童を「劣った人間」とし、一方、茶色い目の生徒を「優れた人間」に見立て、そのことを教室内に周知させたのだ。

授業中、青い目の生徒が問題を間違えると、彼女は「ほらね、青い目の子はバカなのよ」と差別発言を繰り返した。給食の順でも茶色い目の生徒を優先し、青い目の生徒にはおかわりを禁じるなど、待遇にも差を付けるという徹底ぶりであった。

当然、青い目の生徒は理不尽な扱いにショックを受けたが、特筆すべきは「特権階級」となった茶色い目の生徒の反応であった。

「差別宣告」からわずか数分後には、昨日まで仲良くしていた青い目の生徒に対し、憎悪の眼差しを投げかけ、罵倒するようになったのだ。その変貌の早さは、エリオットもぞっとするほどだったという。実験2日後に生徒の立場を入れ替えると、今度は特権を失った茶色い目の子どもが泣き出すこともあったという。

なぜエリオットはこのような実験を行ったのか？　それは、子どもたちに差別の痛みを伝えるためである。

50年代から60年代のアメリカでは、有色人種への差別が社会に根深く浸透していた。1964年7月に人種や出身国による差別を禁止する「公民権法」が成立したが、生徒を含め、人々の心に巣食う差別感情が一掃されたとはとても言えない状況であった。そこでエリオットは、自分たちが差別されたらどんな感情を抱くかを、生徒たちに体験させたのである。

実験後、双方の生徒に被差別者となった日の感想を尋ねると、彼らは「牢屋に入った気分」「鎖に繋がれたような気持ち」といった心境を吐露した。エリオットの授業は、差別される辛さへの理解を促すと同時に、「人はどれほど簡単に他人を差別してしまうか」を教えてくれる実験でもあったのだ。

患者を廃人にするロボトミー実験

うつ病や不安神経症の画期的な治療法として1935年に発表されて以来、全世界で注目されることとなったロボトミー手術。その方法は、頭蓋骨にドリルで穴を開けてメスを差し込み、前頭葉の神経繊維を切断して繊維群の再結合を促すというもの。実質的には脳感覚を遮断して人間らしさをなくす、恐ろしい実験だった。

実験は至るところで行われ、改良も加えられた。1940年代には、アメリカの神経外科医が患者に局所麻酔をかけ、眼窩から直接アイスピックを挿入して小槌を打ち込み、神経繊維を切断するという、より簡単で残酷な方法を編み出した。神経繊維

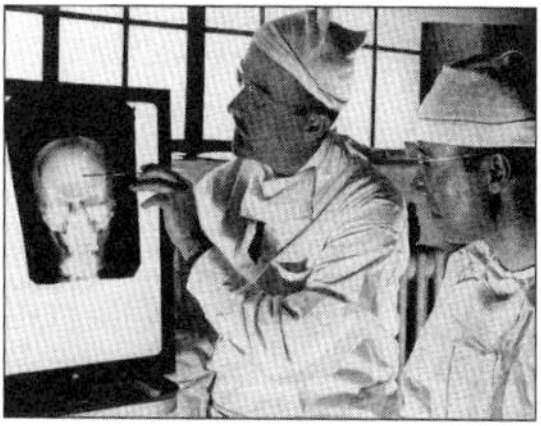

ロボトミー手術を発展させたウォルター・フリーマン（左）

の切断は「勘」で行われたが、精神病院で治療の定番の一つとなって約３５００人が施術された。提案者であるポルトガルのエガス・モニス博士は、ノーベル医学賞を受賞している。

しかし、次第に術後の患者の「生活態度に節度がなくなる」「全てに対して無関心、無頓着になる」という悲惨な状態が明らかになっていく。それでも「クロルプロマジン」という精神安定を促す新薬が開発される１９４９年まで、ロボトミー手術は行われていた。

日本でも１９４２年に初めてロボトミーが行われ、手術を受けた患者数は少なくとも３万人以上。手術を受けて社会生活が厳しくなった患者が、復讐で医師の家族を殺すという痛ましい事件が１９７９年に起きている。

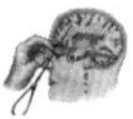

刺激がなくなると人は狂う 感覚遮断実験

もし、「何もしないで寝るだけ」というアルバイトを見つけたとしたら、飛びつきはしないだろうか。１９５１年のカナダには、そんな仕事が実際にあった。

募集をしたのは、モントリオールにあるマギル大学の心理学者ドナルド・ヘッブである。

ヘッブは応募した学生に、用意したベッドに横たわるよう指示。腕は段ボールで作った筒で覆い、顔には半透明の眼鏡をかけさせた。部屋は防音設備が施され、外界の音はほぼ聞こえない環境にあった。そう、これは感覚刺激を遮断すると人はどうなるかを調べる実験であったのだ。

といっても、食事は与えられトイレの行き来も自由。これで当時の日当の倍以上である20ドルが支給された。

だが、この実験に3日耐えることができた者はいなかった。被験者はある程度時間が経つと何も考えられなくなり、やがては独り言や、口笛を吹くなど奇妙な行動をとり出した。そして最終的には、全員に幻覚が現れたのである。

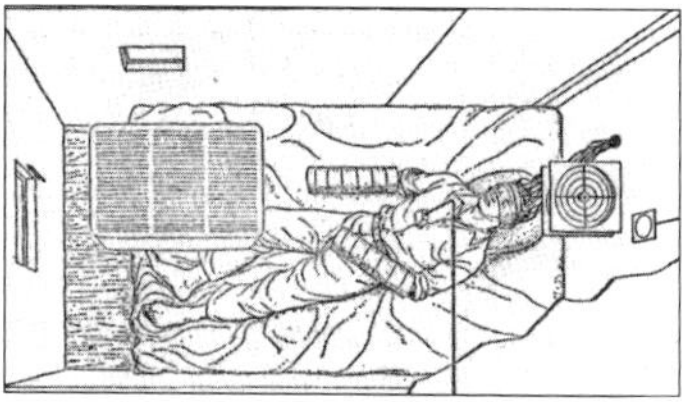

感覚遮断実験の様子（Woodburn Heron, “The Pathology of Boredom” ,Scientific American より）

この実験により、人の感覚は日常の雑多な刺激を受けることで維持され、またその刺激がなくなれば脳や心が重大なダメージを受けることが証明された。それは被験者の「この実験は拷問だ」という言葉にも如実に表れている。

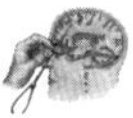

効果が切れると激痛をともなう コカイン麻酔

現在、下半身の手術を受ける際などには、腰椎《ようつい》に局所麻酔薬を注入する「脊髄麻酔」が行われることが多い。この麻酔法が登場したのは19世紀末で、ドイツの外科医アウグスト・ビールが開発に尽力した。医学発展に大きく貢献したといえるが、その過程では危険な人体実験が行われていた。

　ビールが麻酔薬として用いたのは、麻薬として知られるコカインの溶液である。彼はその効能を検証すべく、部下を被験者に実験を行った。実験は麻酔のかかった体に刺激を与え、感覚の有無を確認するというシンプルなものだったが、問題はその刺激だった。

　手始めにビールは、部下の皮膚をつまんだりくすぐったりした。これに反応がないと、ビールの行為はエスカレートしていく。部下の陰毛を引っこ抜き、睾丸を引っ張り回すなどの刺激を与え、さらには火の付いた煙草を押し当て、金槌で脛《すね》を強打したのである。

　幸い部下は、どの刺激にも痛みを訴えることはなかった。脊髄麻酔が確実に効いていたことがこれで明らかになった。

　だが異変は、麻酔が切れた後に訪れた。部下は実験中に負わされた打撲傷のため七転八倒の苦しみを味わったのである。

　これにはさすがのビールも「やりすぎた」と反省しているが、麻酔が切れると実験前に気づかなかったのだろうか。

人はみな残虐になり得る ミルグラム実験

ナチス・ドイツによるユダヤ人大量虐殺

の責任者アドルフ・アイヒマン。さぞ残忍な人物なのだろうと思われていたが、戦後に裁判にかけられたアイヒマンは冷酷無比な大悪人ではなく、ごく普通の人間だった。

ここからある疑問を抱いたのが、アメリカの心理学者スタンレー・ミルグラムである。彼はアイヒマンを見て、特別な環境で権威者から命令を下されると、だれでも平気で残虐なことを行うのか、という疑問を抱く。

そこでミルグラムは1960年年代初頭、こんな実験を行った。電気椅子に座った人間に一連の単語を問い、思い出さなければ別室に控えた被験者が電気ショックを受けるというものである。

実際には、電気椅子の人物は役者で、椅子にも電気は通じていない。しかし、ショックを与えるごとに役者は苦しむ演技をする。その様子を被験者は見ることができ、声も聞こえるようになっている。もちろん、椅子に電気が流れているものと信じている。

役者は悲痛な声を上げ、何度も停止を訴えた。それでも、手を止める被験者はひとりもなく、電圧は徐々に上げられていく。途中でためらった者がいても、白衣を着た博士風の男性が現れて続行を促す。さらに電圧は上げられ、とうとう命にかかわるほどまでに達したという。

この実験により、人間が考えることをやめればどんな恐ろしい行為でも行いうることが、示されたのである。

ダッハウ収容所で行われていた ナチスの洗脳実験の数々

ナチス・ドイツが残虐行為を繰り返した強制収容所といえば、ポーランドのアウシュビッツ収容所が有名だが、それ以外の多くの場所でも、虐殺と人体実験は行われた。その一つが「ダッハウ収容所」である。

ダッハウ収容所では、閉鎖されるまでの12年の間にヨーロッパ各地から20万人以上の人々が拘留された。そのうち、4万3000人以上が死亡したという。

多くの収容所で行われた毒ガス実験はもちろん、ソ連軍捕虜を裸にして氷点下の屋外へ放置するなどした低体温症実験や、ユダヤ人を対象に、マラリアの感染実験などを実行。低体温症実験では100人以上、マラリアの感染実験では約500人が死に至った。

そんなむごい実験の中でも注目すべきなのが「自白剤」の開発実験だ。目的は、捕虜の兵士や情報要員の口を割ることにある。そのためにダッハウ収容所の捕虜はメスカリンなどの薬剤を吸わされ、人間の意思を消すための実験体となった。

連合軍によって解放された直後のダッハウ収容所正門

ドイツの敗戦によってこれらの研究は中

止されたが、その影響力は戦後も残り続けた。これらの実験データは、アメリカにもたらされたのである。

　戦後にアメリカはナチスの科学者を連行して軍事的に利用した。それが「ペーパークリップ作戦」であり、その一環として行われた洗脳実験が、「MKウルトラ」だとされている。アメリカは敵国だったドイツの技術力を利用し、恐ろしい実験を繰り返していたのである。

強制収容所で行われた メンゲレの双子実験

　毒ガス実験、細菌感染、強制断種など、ナチス・ドイツが戦中に繰り返した人体実験は、最悪の戦争犯罪として今も恐れられている。そうした実験に携わった研究者がヨーゼフ・メンゲレだ。メンゲレは多くの実験に関係したが、もっとも有名なのは、双子を用いた実験だろう。

アウシュビッツでユダヤ人に人体実験を行ったメンゲレ

　メンゲレが双子に執着したのは、アーリア人の出生数を上げるためである。1回の出産で必ず双子が生まれれば、単純計算で人口の増加速度は2倍になる。そうした考えから、恐ろしい人体実験が繰り返された。

　実験対象となった双子の子どもたちは次々と実験室へと連行され、体の違いの比較から眼球への薬物注射、正常な臓器の摘出、四肢の付け替え手術などが施される。中でも狂気に満ちていたのが、結合双生児実験だ。双子の臓器が同時に機能するかを調べるために、兄弟の体を裂いて一つに縫合するという、いわば人工的に「シャム双生児」を作ったのだ。

当然、実験は失敗し、双子は繋がったまま苦しんだ。その姿に耐え兼ねた両親の手で、彼らは殺されている。メンゲレがモルモットとした双子は約3000人。その中で生き残ったのは、わずか180人ほどだといわれている。

アーリア人至上主義を目指した レーベンスボルン

ナチス・ドイツが行ったユダヤ人の大量虐殺は、「アーリア人がもっとも優れた人種」というアーリア人至上主義に基づいていた。この理念のもと、ナチスはアーリア人を繁殖させる計画も進めていた。それが「命の泉」という意味を持つ「レーベンスボルン」だ。

レーベンスボルンによって生まれた子の洗礼

アーリア人の特徴は「金髪・碧眼《へきがん》・高身長」であり、北欧系の人々がその要素を多く持っていた。そこでナチスは、1940年に占領したノルウェーの女性たちを強制的にドイツへ送り、ナチス親衛隊隊員との性交を強要したのだ。誕生した子どもは、１万２０００人以上とされている。

　計画の目的はアーリア人だけで編成された軍隊の創設だが、誕生した子どもを兵士として活用するには、10数年以上の時間がかかる。これにもどかしさを感じたナチスは、アーリア人的要素のある子どもを各地から集めてくる方法を採用。ポーランドやチェコ、フランスなどの国々から子どもを手当たり次第にさらっていき、20万人近くが無理矢理親元から引き離された。

　１９４５年のドイツ降伏に伴い計画は中止され、母親の多くは子どもを置き去りにして故郷へ帰った。ノルウェーでは計画にかかわった女性を裏切り者とみなし、国籍を剥奪するケースもあったという。

アメリカの諜報機関による ヒトラー女化計画

　第二次世界大戦中、ナチス・ドイツを率いヨーロッパを席捲《せっけん》したアドルフ・ヒトラー。その猛威を警戒したアメリカの諜報機関・戦略諜報局（ＯＳＳ）は、彼を失脚させるべくある奇策を企てた。「ヒトラー女性化計画」である。

　ヒトラーといえば、声を張り上げ大きなジェスチャーで聴衆を煽る演説が印象的だ。勇ましく雄弁な姿は、多くの民衆を熱狂させた。

　だが、もし彼の声がソプラノになり仕草も弱々しくなれば、権威も失墜するかもしれない。そう考えたＯＳＳは、強い女性ホルモン剤をヒトラーに投与するという冗談のような作戦を立案したのだ。

実は当時の精神科医らの間でも「ヒトラーには女性的気質が見られる」という分析があった。その根拠として、彼らはヒトラーが饒舌であることや、猜疑心が強く嫉妬深いことなどを挙げている。現代の感覚ではそれが根拠になるのか疑問に思うところだが、ＯＳＳはこの分析をもとにして、一層の女性化を企んだという。

ＯＳＳはヒトラーが所有する山荘の使用人を買収し、野菜に薬剤を注入させるよう依頼。だが、その後ヒトラーに特段の変化が見られることはなかった。失敗の原因は定かではないが、この女性化作戦が功を奏していたら、第二次世界大戦の戦況も変わっていたかもしれない。

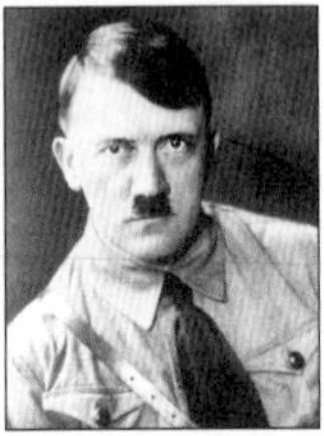

OSS に女にされそうになったヒトラー

生徒をナチス党員に変えたサードウェーブ

こんなことを考えたことはないだろうか。ナチスのような組織が現代に登場したら、人々は支持するのだろうか、と。

それを確かめるため１９６９年、カリフォルニア州カバリー高校の教師ジョーンズはある試みを実行した。歴史の授業で、クラスにナチスを再現した擬似組織をつくる「体験授業」を行ったのだ。

ジョーンズはこの取り組みを「サードウェーブ」と名付けた。常に姿勢を正す、質問の前に許可を求めるなど細かなルールを制定。ヒトラーよろしく「これは自分を指導者とする反民主主義運動である。我々は崇高な目的のため団結しなくてはならない」と熱弁したのである。

　すると、日を追うごとに生徒たちの行動は一体化し、ジョーンズの意図せぬ行動までとるようになる。共通の腕章や軍旗風の旗を自主的に用意し、服装や髪型も可能な限り統一。外部への勧誘まで始めたのだ。しかも、批判者たちに対しては差別感情を露わにし、暴力行為すら辞さずに制裁を加えた。

　実験は、ジョーンズが「君達が信じたものの正体を見せよう」とヒトラーとナチス党員の映像を見せたことで、生徒たちが我に返って終了した。その期間はたったの5日である。つまり、この短期間で誰もがナチスのような全体主義的な集団に「なり得る」と証明してしまったのだった。

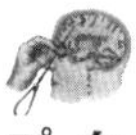

自国の兵士を実験台にしたプロジェクト112

　第二次世界大戦の終結後、アメリカは化学兵器拡散防止を唱えたが、秘かに毒ガス研究を続けて科学兵器を増産していた。その一貫として1960年代初頭に実施された毒ガス開発実験が「プロジェクト112」である。

この実験でアメリカ軍は、なんと動物ではなく自軍の兵士を利用した。兵士たちをいくつかのグループに分けて薬物を投与したり、航空機から少量のガスを噴霧して影響を調べたりしたのである。

死者は出なかったというが、実験に参加した元兵士によれば、数時間で意識が朦朧《もうろう》とし始めて体が震えだし、手足に刺す様な痛みが走った。意識を失えば数日も目覚めないこともあり、常に酷い倦怠感に襲われていたという。

実験は、1970年までに中止が決定されたといわれる。1975年のジュネーブ議定書批准、1997年に発効した化学兵器禁止条約への加盟で、アメリカの毒ガス開発は終了したという。だが、裏で生物化学兵器の研究と生産を続けているという噂はあとを絶たず、陸軍感染症医学研究所にも生物兵器に応用可能な病原菌が多数保管されている。

プロジェクト112の被験者達は今でも後遺症に悩まされ、2013年には政府との訴訟問題に発展している。

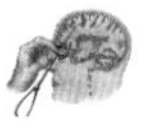

精神病患者に病原菌を注射した ツツガムシ病人体実験

1952年、新潟精神病院では、入院患者が深夜に高熱を発することが増えた。だが、医師は処置の指示をしようとしなかった。なぜなら医師たちは秘密裏に、「人体実験」を行っていたからだ。

ことが明らかになったきっかけは、労働問題にある。新潟精神病院では人員が不足し、給料はわずかだった。看護人たちが労働組合を結成しストライキを決行したが、病院側は労組の幹部を解雇。そこで労組は、新潟地方労働委員会へ告訴した。

　これを受け、労働委員会は病院側への審問を行うと、衝撃の事実が明らかになる。解雇された看護人側が「新潟精神病院ではツツガムシ病原体を患者に注射していた」という爆弾発言を口にしたのだ。

　ダニの一種であるツツガムシの幼虫は、ツツガムシ病原体を保菌しており、これに感染すると強い頭痛や高熱などの症状が起きる。そんな危険な病原体を、医師たちはなぜ患者に注射したのか？　それは、解熱剤を開発するためである。

　このとき解熱に使われたのは、アメリカで開発され、日本では使用が禁止されていた新しい抗生物質だった。つまり、患者はアメリカが開発した新薬による効果を実証するための実験台にされたのだ。

　普通に考えれば大問題だが、法務省はこの事件について、「警告」を示すにとどめ

米軍援助　ツツガ虫病研究にも

11年間に一億余円　四〇六部隊から

ベトナム戦にも関係か

自主研究を強調　学者

格闘、賊捕え

大和　夫婦で

事件を報じた記事。米軍の関与を指摘しているが、真相は不明。（神奈川新聞 1967 年 5 月 28 日付）

ている。その理由は不明だが、厚生省（現厚生労働省）による実験依頼があった、細菌兵器開発を目指したアメリカ軍からの要請だったとの説もある。

梅毒患者を治療しなかった タスキーギ梅毒実験

患者をあえて治療せず、新たな罹患者が見つかっても「観察材料」にして放置する。そんな恐るべき実験が、１９３０年代のアメリカで行われていた。

実験は１９７２年７月、『ニューヨーク・タイムズ』の一面トップ記事によって広く知られるようになった。

記事によれば、米国公衆衛生局管轄の性病部医師たちは、アラバマ州タスキーギ及びその周辺の黒人梅毒患者３９９人に対し、１９３０年から故意に治療を行わなかった。しかも、医師たちは梅毒に感染した患者が見つかっても放置していたという。研究の停止が表明されたときには28人が死亡、約１００人の患者が失明や精神障害を被っていた。

被験者の血を採取する医師

なぜこのような無慈悲な実験が行われていたのか？

実はこの活動は、元はまっとうな慈善団

体による事業だった。公衆衛生局の協力を得た慈善団体によって、同地で梅毒の治療が行われていた。

ただ当時、梅毒は死の病であり、治療が難しく資金を用意するのは簡単ではなかった。この慈善団体も資金不足に陥り、数年で撤退している。

すると残留した公衆衛生局は、タスキーギの黒人を患者とはみなさなくなった。治療法が見つからない梅毒は、どのように人体に蔓延し、死に至るのか。患者たちは、その疑問を解決するための観察材料にされたのである。

この実験の期間中には、梅毒の特効薬であるペニシリンが登場した。にもかかわらず、医師たちは目的を果たすために、患者にペニシリンを与えようとはしなかった。

事件を報じたのはニューヨーク・タイムズだが、明るみに出たのは内部告発があったからだ。裏を返せば、告発がなければ、その後もずっと梅毒人体実験が継続していた可能性もあったのである。

戦後の沖縄で行われたアメリカによる飢餓実験

戦争時に飢饉を人為的に発生させれば、少ない戦力で相手国を屈服できる——。

そんな計画を企てたのが、東西冷戦中のアメリカだ。実験場とされたのは、当時、アメリカの占領下にあった沖縄である。2014年、共同通信社の報道により、

１９６０年代の沖縄で生物兵器実験が実施されていたという事実が判明したのだ。

　飢餓実験と聞くと、人間に充分な食糧を与えない実験が思い浮かぶが、この実験でアメリカがターゲットとしたのは人間ではない。対象になったのは、アジアの広い地域で主食とされている「米」だった。

　米を効率的に壊滅させるため、アメリカは「いもち病」を利用した。いもち病菌はイネを壊死させる症状と、田畑を丸ごと壊滅させるほどの感染力を持つ。そんないもち病菌の感染力に目を付け、アメリカは兵器利用を試みて実験を繰り返したのである。

　しかもこの実験では、実験用の施設ではなく、民間の水田に菌を撒いてデータを収集していたという。いもち菌の散布が、どれだけ沖縄の農家に被害を与えたかは未公表だが、２年間の実験結果はアメリカ政府を満足させるものだった。

　さらに、沖縄での成功でアメリカはさらに80カ国以上で実験を行った。その結果、いもち菌を効率的に運用すれば1年で６０００万人分の農作物を喪失させ、多くの地域を飢餓状態にできるとされたらしい。

本当に天才が誕生した レイシストの精子バンク

　ドナーから採取した精子を保存する「精子バンク」。不妊治療や同性愛者などに利用される施設で、１９６４年にアメリカと日本で開設されたのを始まりとする。そんな精子バンクを利用して「天才」を生み出そうとしたのが、ロバート・グラハムだ。

アメリカ人実業家のグラハムは優生思想にはまったレイシスト（差別論者）で、１９８０年に天才ばかりをつくる目的で精子バンク「レポジトリー・フォー・ジャーミナル・チョイス」を設立。専門知識を持った研究者に声をかけ、科学者、政治家、華々しい家系や恵まれたルックス、突出した才能を持った男性だけを厳選し、ドナーに迎えた。

その結果、優れた遺伝子を求める女性たちの予約が殺到。１９８２年には、利用者からドロン・ブレイクというＩＱ１８０の天才が本当に誕生している。それが評判となり、レポジトリーには希望者が増加。同時に深刻なドナー不足となっていく。

それに、特別な才能を持った男性など、世の中に大勢いるわけがない。グラハムは極秘でドナーの条件を落とすなど妥協に次ぐ妥協をしたが、結果、レポジトリーは研究者や管理者不在の眉唾物の施設になり下がり、１９９９年にはあっけなく閉鎖されている。

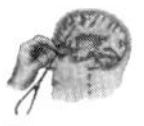

男から女、女から男へ 強制性転換手術の悲惨な末路

男性として生まれ、女性として成長し、再び男性に戻る。そんな人生を送ったのが、デイヴィッド・ライマーだ。

デイヴィッド、幼名ブルースは生後８カ

月のときに包茎手術を受けるが、執刀医は誤って男性器を包皮ごと焼いてしまう。

途方にくれた両親が相談を持ちかけたのが、アメリカ性科学界の権威であるジョン・マネーだ。マネーは「心の性別は環境の影響で後天的に作られる」とする自説を持ち、それを証明するためにブルースを利用することにした。

両親を説得したマネーによって、ブルースは物心がつく前に半ば強制的に性転換させられ、名前をブレンダと変えた。ところが、マネーの説に反し、成長したブレンダは男子と同じような行動をとるようになる。ブレンダは周囲とのギャップやいじめに苦しんだ。そこで、両親は14歳となったブレンダに真相を話し、男に戻るか選択させた。

ブレンダの答えは、「男に戻る」ことだった。再び男となってデイヴィッドに改名すると、１９９７年に自身の半生を世間に公表し、著書『ブレンダと呼ばれた少年』を出して大きな話題を呼んだ。

だが、デイヴィッドの苦しみは解消されなかったようだ。２００４年、デイヴィッドはショットガンで頭を撃って自殺した。原因は家庭のトラブルとされたが、性の不一致に悩んで何度か自殺未遂をしており、精神が不安定な状態が続いていたという。

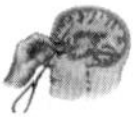

大正時代の日本で行われていた若返り手術

人類永遠の悲願の一つである若返り。そ

のための手術が、大正時代の日本で行われていた。実施したのは、九州帝国大学（現九州大学）医学部の榊《さかき》保三郎《やすさぶろう》教授。榊が利用したのは、ウィーンの生理学者ユージーン・スタイナハの考案した「スタイナハ若返り法」だ。

　スタイナハは、生物が老化する大きな要因は生殖腺の衰退にあると推測。性ホルモンの活性化を促せば若返りに通じると考えた。そこで、輸精管を縛って精子が体外に出なくなるようにすれば、精子にある性ホルモンが血流に入り込んで全身を駆け巡るとの仮説を立てる。

　スタイナハの若返り法に注目した榊は、56歳の患者にこれを施術した。すると手術の2カ月後には患者の便秘が解消され、食欲も増加し、白髪も減った。

　ところが、日本に先んじていた欧米では、期待したほどの効果が得られないとの報告が相次ぎ、日本国内でも榊の実験結果に疑義が呈された。さらに、榊を含む数名の医師が公務以外の時間に患者を診察し、特別報酬を懐に入れていたことが発覚。この「九州帝大特診疑獄」で榊は辞任に追い込まれた。事件の4年後に他界し、彼の死とともに夢の治療法も世間から忘れられるようになったのだった。

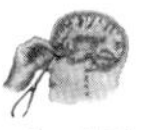

死んだ命を蘇らせる人体蘇生実験

一度死んだ命を生き返らせる。そんな不

可能と思われる「命の再現」に多くの科学者は取りつかれ、蘇生実験が何度も繰り返されてきた。

1780年、イタリアの物理学者ルイージ・ガルヴァーニはカエルの死体を使った実験で、生物の体そのものが電気を発しており、金属を接続することによる放電で痙攣が生ずることを確認した。ここから肉体で生産された電気（生体電気）が、刺激の伝達や筋肉の収縮に用いられていると学会で発表。これを人体で実験したのが、ガルヴァーニの甥で同じく物理学者だったジョバンニ・アルディーニだ。

1803年、アルディーニはイギリスで、絞首刑となった囚人の遺体を入手。遺体に電極棒を当てると、顔、手、胸など各部の筋肉が収縮した。最後に片方の電極を耳に、もう片方の電極を直腸へつなぐと、死体は右手の拳を突き上げ、両脚をばたつかせたという。この実験をもとにして、1818年に執筆されたのが小説『フランケンシュタイン』である。

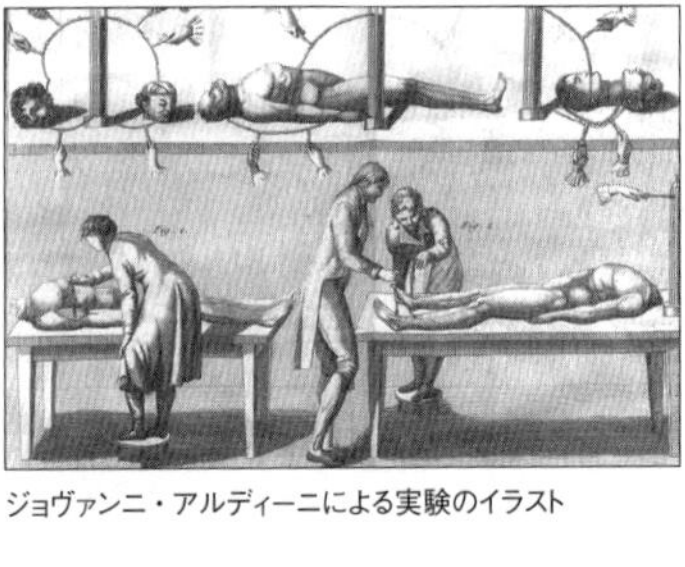
ジョヴァンニ・アルディーニによる実験のイラスト

他にもいくつかの例はあり、1935年にはアメリカの医学博士ロバート・コーニッシュが、やはり死刑囚の遺体を蘇生させる実験を計画。だが、囚人を収監していた刑務所の所長はコーニッシュの要請を却下したため実験は中止となっている。

猿と人間の交配をさせる半人半獣計画

ギリシャ神話などには、牛の頭に人の体を持ったミノタウロスをはじめ、いわゆる半人半獣の生き物が多く登場する。無論これらは空想上の動物だが、実は現実の世界でも半人半獣の創造が試みられたことがある。それが、1927年に旧ソ連の生物学者イリヤ・イワノフが実施した猿と人の交配実験である。

実験が行われた背景には、ときの指導者ヨシフ・スターリンの「獣のように罪悪感なく敵を殺傷し、人間以上の力を持つ超人兵」を開発したいという意向があったともいわれる。

イワノフには資金が与えられ、実験はフランス領ギニア（現ギニア共和国）で行われた。イワノフは自身が開発した人工授精用器具でメスチンパンジーの性器に人間の精液を注入した。だが、何度挑戦しても妊娠の兆候は見られなかった。

そこでイワノフは、今度はオスチンパンジーの精液を人間の女性に注ぐ計画を立てた。被験者を募ったと

半人半獣生物を生み出そうとした生物学者イリヤ・イワノフ

ころ、なんと1人の女性が応じたのである。

だが、イワノフの夢は結局叶わなかった。実験開始前に肝心のオスのチンパンジーが死んでしまったのだ。失敗続きのイワノフは政府に見放され、失意のうちにこの世を去った。そして、その死とともに、前代未聞の交配実験も闇に葬られることになったのである。

人間の細胞をもった動物たち キメラ実験

現在、多くの学者や宗教家から反対・非難を受けながらも、「半人半獣」を創るキメラ実験は研究者たちによって行われ、続々と驚くべき研究成果が発表されている。

２００３年には上海で人間の細胞をウサギの胚に注入する実験が行われ、人類史上初の動物と人間のキメラの胚が誕生。２００４年にはアメリカ・ミネソタ州で「人間の血が体内に流れる豚」、２００５年にはカリフォルニア州で「人の脳細胞を０・１％含むネズミ」を誕生させることに成功している。

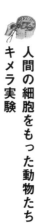

さらには２００７年、ネバダ大学の研究チームが、細胞レベルで見ると半分は人間の組織でできているという、完成度の高い人間と羊のキメラの開発に成功した。２０１４年には無数のヒト脳細胞を持つマウスまで誕生している。

これらのキメラはアルツハイマーやパーキンソン病の治療に役立つとされる。キメラの内臓を人間に移植し、医学的に使用するのが実験を続ける究極の目的だといわれている。しかし、新たなウイルスや奇病発生の危険性を唱える学者も数多い。キメラ肯定派の研究者たちですらキメラの危険性については全くの未知数で、最大の注意が必要な実験であることを認めている。

人類を助けるか、新たな脅威を生みだすかは、恐ろしいことに「まだわからない」のだ。

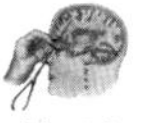

猿を我が子と同等に育てた科学者の末路

「猿も人と同じ環境で育てれば、高い知能を持つのでは?」

そんな仮説を立てたのが、アメリカの心理学者ウィンスロップ・ケロッグだ。仮説のきっかけになったのは、１９２０年代にインドで狼に育てられたという少女が見つかった事件だとされる。

ケロッグは少女が保護された後も四つん這いで歩き、言葉も話せないでいる様態から「人間の発達は幼少期の環境に左右される」と考えた。だが、乳児を獣に預ける実験など許されない。そこで彼は逆の発想をする。それが冒頭の仮説であった。

ケロッグは生後7カ月のチンパンジー、グアを引き取り10カ月の息子と同等に養育した。実際、食事の際はスプーンを、排泄時にはおまるを使わせるなど、人間の子として扱ったのである。

その結果、グアは叱られたときはキスをして謝るなど「人間的」な行動を見せるようになった。

　だが実験は9カ月で打ち切られる。原因は、チンパンジーと同居したためか発育が遅れ、1歳半になっても3つしか言葉を話せなかったという、ケロッグの息子にあったとされる。幸い息子の言語能力は回復するも、一方のグアは類人猿センターに送られてしまう。環境の変化に馴染めず、数カ月も立たない間に死亡している。

愛とは何かを探ろうとした絶望の淵実験

愛とは何か。それを調べようと過酷な動物実験にとりつかれた心理学者がいる。ウィスコンシン大学に勤めていたハリー・ハーロウだ。

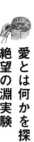

　ハーロウは、生まれたばかりの子ザルを対象に、「布製で笑顔の代理母」と「針金製でしかめ面の代理母」、どちらになつくか観察した。結果、子ザルは布製の代理母になついたが、実験は悲劇的だった。実験台となった100匹のサルのうち、針金の母に育てられたサルは凄まじい勢いで自らを傷つけ、布の母で育てられたサルは不健康で無気力な状態になってしまったのだ。
　受け身の親からは、子どもは生きていくうえで大切なことを学べないのではないか。そう考えたハーロウが次に行ったのが、「モンスターマザー」による実験だ。子ザルを攻撃する代理母を4種類作って観察をしたのだが、子ザルは社交性がまったくなくなってしまった。何度痛い目に遭っても親の注意を引こうと必死になったので、他のサルに気を向ける余裕がなくなり、孤立してしまったのだ。

ハーロウは、この孤立した状態で育ったメスザルを無理やり受胎させて子ザルをどう育てるかまで観察している。執拗な実験はさらに続いた。脱出不能の逆三角形の装置に子ザルを入れて完全に孤独な環境に置き、愛を喪失させるという「絶望の淵」実験に取り掛かったのだ。

実験の結果、3、4日ですべてのサルが異常をきたした。それまでは社交的だったサルも、元の環境に戻っても仲間と交流することが難しくなった。1年隔離されたサルはただぼんやりとそこにいるだけで、もはや「生きている」とさえ呼べる状態ではなかったという。愛を調べるはずが、残虐な結果を招いたのである。

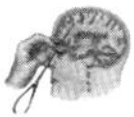

血液検査で寿命がわかる

体の状態を診断することができる血液検査だが、人間にとって、いや動物全体にとって重大なことも血液でわかるともいわれている。それは寿命。つまり、「その人がいつ死ぬか」が血液でわかってしまう可能性があるのだ。

血液で寿命がわかる根拠が「テロメア」

だ。テロメアは染色体の末端にある物質で遺伝子を保護する役目を持ち、細胞が分裂するたびに短くなっていく。つまり、年齢を経て細胞分裂の回数が増えるとテロメアも短くなるというわけだ。

テロメアがある限界（ヘイフリック限界という）を超えて短くなると、細胞は死んでしまう。細胞が損なわれると内臓などの機能は低下し、最終的には個体の死に至る。これが「テロメアで寿命がわかる」という理論の根拠である。テロメアを調べれば細胞の老化状況がわかることから、「老化時計」あるいは「細胞分裂の回数券」とも呼ばれている。

ただし、テロメアは細胞老化にかかわっているとされるが、細胞老化と個体老化の関係は明らかにされておらず、「テロメアを見れば寿命がわかる」と断言することはできない。今後の研究によっては「寿命判断」が明確になるかもしれない、というのが現状だ。

DNA型鑑定は万全ではない

多くの犯罪捜査に用いられ、民間では親子判定にも利用されることもあるＤＮＡ型鑑定。

その精度は５６５京人に１人の割合で個人を特定できるとされるが、そんな最新技術でも決して万全とはいえない問題点が指摘されている。一つがＤＮＡの混入だ。

２００５年に起きた殺人事件で、遺体や遺留物から警察はＤＮＡ型鑑定を実施。その結果、男性のものとされるＤＮＡ型が検出されたが、のちに捜査にかかわった警察幹部のものと判明した。

人の細胞に含まれるデオキシリボ核酸（ＤＮＡ）は二重らせんで、４種類の「塩基」約60億個が二つずつの対になって並んでいる。この並び順を比較して個人を識別するのがＤＮＡ型鑑定だ。ＤＮＡは容疑者の唾液の他、皮膚片、毛根、血液などから採取できる。ただし、遺留物の採取や保管状況によって、容疑者のものでないＤＮＡが混入する可能性もある。先の事件の場合、捜査関係者のものではあったが、被害者の知人や地域住民のものであれば、容疑がかけられる可能性も否めない。

この他にも、使用する検査機器によって誤差が生じることもあるという。適切な条件で実施すれば、10の20乗人の中から１人を特定できるといわれるＤＮＡ型鑑定だが、まだまだ万全というには至っていないのが実情なのだ。

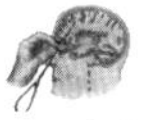

ピロリ菌を飲んで　ノーベル賞を受賞した医者

胃炎の原因の一つとされるピロリ菌。それを自ら飲み干した医師が、オーストラリアのバリー・マーシャルである。

無謀な行為のきっかけは、同じ病院に勤める病理学者が、慢性胃炎に悩む患者の胃の粘膜からせん形の細菌を発見したこと。

当時、胃炎の原因はストレスだというのが定説だったが、マーシャルはこの細菌こそが原因ではないかと考えた。

実際、この細菌を持つ患者に抗生物質を投与すると、胃炎が簡単に治ってしまった。この経験から「胃炎は細菌による感染症」と仮説を立て、菌に「ヘリコバクター・ピロリ菌」と名付けた。

だが、ラットや子ブタなどを使った動物実験は失敗ばかり。仮説を証明することができなかった。

そこで、人間と他の動物では結果が異なると考えたマーシャルは、約10億個のピロリ菌を少量の水に溶かしたものを飲んだのだ。


この自飲実験から10日目、マーシャルは狙いどおり急性胃炎になり、仮説を証明することに成功した。ただ、実験は容易に信用されず、ピロリ菌除去による胃炎治療が浸透するまでに長い歳月がかかった。同僚とともにノーベル医学生理学賞を受賞したのは、体を張った実験から20年以上経った２００５年であった。

ピロリ菌を飲んだ科学者 バリー・マーシャル（© BCCFoodTravel.com）

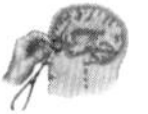

ダニを耳に入れて イグノーベル賞を受賞

イヌやネコなどが罹患する皮膚疾患の一

つに耳ダニの感染がある。耳ダニは「耳ヒゼンダニ」とも呼ばれ、感染すると強い痒《かゆ》みや炎症などを引き起こす。基本的には動物の耳に生息すると考えられていた。

だが1968年、人間にも耳ダニが感染するかを検証した人物がいた。それがアメリカの獣医師ロバート・ロペズだ。ロペズは実験のため、何と自分の左耳にダニを入れたのである。

ロペズは「ダニが鼓膜へ近づくと、動き回る音が大きくなる」「午後11時にはダニの動きが活発化し、耳を掻《か》いたり噛んだりする」など詳細に記述。3週間後には外耳道がダニの死骸で溢れ、左耳が聞こえなくなったという。幸い、耳を水で洗い流すとダニは排出され、聴力も回復した。

こうして、ロペズは耳ダニが人の耳でも生息可能なことを証明したが、もう一つ思わぬ収穫があった。彼は同じ実験を3度行ったが、そのたびにダニの活動が低下していったことを発見したのである。この現象を、ロペズは耳の中でダニに対する免疫反応が起こったことが理由と推論した。

この耳を覆いたくなる実験により、ロペズは1994年にイグノーベル賞を授与されている。

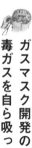

ガスマスク開発のために毒ガスを自ら吸った科学者

第一次世界大戦時に投入され、悲惨な結果をもたらした毒ガス兵器。最初に使用したのはドイツ軍だ。連合国は何の知識も備えもなかったが、イギリス出身の医師ジョン・スコット・ホールデンが、ドイツ軍のガスを塩素ガスと特定することに成功した。

ホールデンは大戦前から、空気中の物質が呼吸に及ぼす影響を調査していた。その方法は、なんと自ら有害物質を吸い、「味」で種類を判別するという危険なものだ。

ホールデンはあらゆるガスを吸い込み、発生する症状や血液データなどを克明に記録。そんな彼が急務としたのが、防毒マスクの開発だった。

仲間とともに研究所を設立したホールデンは、マスクを着用した兵士に戦場での任務が可能かを調べるためガス室で運動をしたり、さまざまな濃度の塩素ガスを吸引したりして人体への影響を調べる。このような物質を連日浴び続けたため、肺を損傷して数日間寝込むこともあったという。

ガスマスクを開発したイギリスの科学者ジョン・スコット・ホールデン

だがその甲斐あって、ついにホールデンは塩素ガスに耐えうるマスクの開発に成功。前線にいる数千人もの兵士の命を救うことになったのである。

身を削って限界を証明した世界最速のブレーキ実験

1954年12月、アメリカ・ニューメキシコ州の空軍基地で、命がけの実験が行われた。空軍大佐ジョン・ポール・スタップを乗せた台車を猛スピードで走らせ、時速1000キロメートルに達した時点で急ブレーキをかける実験であった。

もともとスタップは、戦闘機が急減速する際に人体にどのような影響があるかに関心を持っていた。その検証のため、自らの体を提供したのである。

実験では、戦闘機の速度に近づけるために台車に9基のロケットエンジンが搭載され、台車が走るレールの長さは約1キロにわたった。

台車がスタートしてブレーキがかけられたのは3・5秒後。衝撃でスタップの目には一気に血液が流入し、毛細血管が破れ視界が赤く染まった。このとき、麻酔無しで抜歯されるような激痛が走ったという。ブレーキによってかかった負荷は約40G。つまり体重の40倍だ。それまで人体が耐えうる負荷は18G程度とされていたが、彼は身をもって定説を覆した。危険な実験をやり遂げたことで、スタップは「世界最速の男」と称されるようになった。

余談だが実験の後、彼は一つの罪を犯している。自動車を運転しているときにスピード違反を起こし

スタップが挑戦したロケットスレッドにおける有人実験

たのだ。超過速度は時速60キロメートルであったという。世界最速の男であっても、法律は守ってもらいたいものだ。

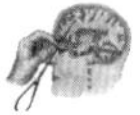

マイクロチップを体に埋め込むスウェーデン人急増

雪に覆われた美しい国、福祉が進んだ国、モダンな家具に囲まれた国……。そんなイメージのある北欧の国スウェーデンで、マイクロチップを人体に埋め込むという、ＳＦのようなことが現実に起こっている。

２０１５年にこの技術が導入されて以来、２０１８年９月時点で、スウェーデンでは３０００人以上が自らの体にマイクロチップを埋め込んでいる。

体内に埋め込まれるのは、１センチほどの棒状のマイクロチップで、身分証やクレジットカードのような機能を有している。ニューズウィークの記事によれば、２０１７年５月にはスウェーデン鉄道が体内に埋め込んだマイクロチップを乗車券代わりに利用できるシステムを導入しているし、イノベーションセンター「エピセンター」の入室管理にも使われているという。

しかし、なぜスウェーデンでこのような取り組みが受け入れられているのか？　それは、デジタルメディアに対する信頼がスウェーデンでは高いからだ。

政府が20年にわたってデジタル分野への投資を行い、行政サービスをネットなどで簡単に済ませられるように整備してきたため、マイクロチップの体内埋め込みにも抵抗が少ないと考えられる。要は、個人情報の共有に抵抗を感じる人が少ないわけだ。

　2017年8月には、アメリカの自動販売機メーカーも従業員の体にマイクロチップを埋め込むと発表している。管理社会の到来を懸念する声も根強いが、この波もいずれ世界に広がるのかもしれない。

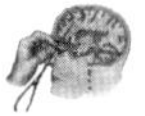

水銀は薬として飲まれていた

　人体に入ると重篤な症状をもたらす水銀。科学知識が普及した現在では猛毒として慎重に扱われるが、過去には「妙薬」として重宝されたこともあった。


　紀元前2世紀に中国を統一した始皇帝《しこうてい》は、手に入れてきた富や名声や権力がなくなることを恐れ、死に怯えるようになっていった。そこで、有り余るほどの財宝を使って部下たちに不老不死の霊薬を捜索させたところ、水銀をみつけて愛飲するようになったという。

　紀元前3～4世紀においても、中国では、水銀は五毒の一つ「丹砂《たんさ》」であるとして尊ばれた。毒といっても、病気を生む悪霊に打ち勝つための薬のようなもので、実害を与えるとは思われていない。唐の時代には、丹砂を用いて不老不死の薬「丹薬」を生み出す「錬丹術」が確立されるなど、その効用が重宝されていた。もちろん、丹薬を求めた皇帝たちは水銀中毒になり、一説によると20人の皇帝のうち6人が水銀で命を落としたともいわれている。

　こうした風習は、日本にも伝わっている。持統《じとう》天皇が水銀を美容薬として飲用していたという記録があり、化粧品として高価で取引されていたという説がある。

　ちなみに、弘法大師空海が高野山に金剛峰寺を開いたのも、高野山周辺には水銀鉱脈があり、それを独占して布教資金を得るためだったとも考えられている。

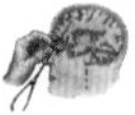

急に人体が燃えだすことがある

　人間の体から火が出て、燃えてしまう。まるでオカルトのような話だが、実際にそのような現象は起きている。「人体自然発火現象」といい、現在まで２００件を超える報告があるのだ。

　この現象の多くで共通し、なおかつ通常の火災現場と異なる点は、「出火原因が不明」「被害者の体のみ燃える」「胴体は骨まで焼けるが脚は残りやすい」の三つ。

　原因はわかっていないが、これまでさまざまな仮説が出されてきた。アルコール大量摂取によるもの、火の玉の正体といわれているプラズマが燃え移ったというものなどである。そうした数ある仮説の中で信憑性が高いとされているのが、「人体ロウソク化現象」である。

　ロウソク化現象とは、人体の皮下脂肪が燃料となって体を焼き尽くすというもの。

まず、何らかの原因により衣服に火がつく。その火が皮を破って皮下脂肪を溶かしていく。溶け流れ出た皮下脂肪は周りの椅子やベッドに染み込み、燃料となって、さらに接している人体を焼いていく。

人体自然発火現象事件の多くが、窓が閉めきられた密室で起こり、さらに被害者は肥満体型の人が多かった、と条件も一致している。自分の脂肪で燃えるなど、できるだけ避けたい死に方ではある。

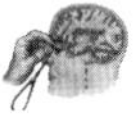

ハワイは年々日本に近づいている

海外旅行の行き先として、根強い人気を誇るハワイ。この島が実は、じわじわと日本に近づいているのである。

地球は中心の核と、その外側のマントル、そして地殻で構成されている。岩石が溶けた状態のマントルは対流を起こす。このマントルの上層部と地殻をあわせたものがプレートだ。

プレートは１枚ではなく、地球上に大きく14から15枚存在する。プレートはマントル対流の影響を受け、長い時間をかけて少しずつ動いているのだ。

日本の周囲には、

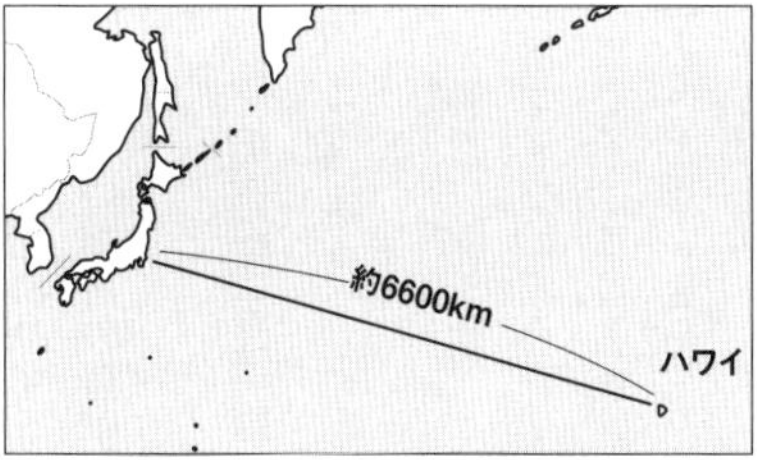

太平洋プレート、北アメリカプレートなど4枚のプレートがある。ハワイ諸島が乗っているのはこのうちの太平洋プレートで、1年に6~8センチずつ北西に移動している。これは、国土地理院にある「超長基線電波干渉計」の巨大パラボラアンテナでも観測されている。

超長基線電波干渉計とは、数十億光年離れた星からの電波を受信し、到達までの時間を精密に測定・解析する装置である。

日本とハワイのホノルルの距離は約6600キロ。1年あたり8センチで計算すると、約8000万年後には日本に到達してしまう。

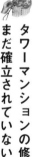

ただし、太平洋プレートは日本海溝で北アメリカプレートの下に沈み込んでいるため、太平洋プレートに乗ってきたハワイも、いずれは日本海溝に沈むことになるのだが。

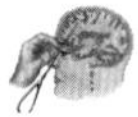

タワーマンションの修繕方法はまだ確立されていない

タワーマンション、通称タワマンは、一般的に20階以上の超高層タイプの集合住宅を指す。高い技術あってこそ、こうした高層建築を造れるのだろう、と思いきや、タワマンの修繕方法は、いまだ確立されていないと考える専門家もいる。

タワマンが供給され始めたのは、2000年ごろ。一般的に分譲型のタワマンは、竣工《しゅんこう》後15年くらいで大規模な修繕工事が行われる。現在のタワマンは初期のタイプが1回修繕を受けているだけだ。

一方、超高層のタワマンとなると、各ゼネコンが時々の最新技術を用いて建設しているので、物件ごとにかなり仕様が異なる。つまり、ゼネコンによって仕様が異なる上に経験値も不足し、マニュアル化もされていないのが現状なのだ。

専門家いわく、特殊性がある超高層の大規模修繕は、施工会社がそれに慣れているかどうかで違いが大きいという。

通常、マンションの大規模修繕は、足場を組んで建物を覆って行われるが、タワマンの場合はゴンドラを吊るすなどの特殊技術が必要となってくる。この技術も共有されておらず、各社によって違いがあるのだ。

建築したゼネコンが修繕まで担当し続けるのなら問題は少ないが、他社に任せるとなると工期や費用の面でトラブルの起こる可能性は否めないのだ。

アメリカ人の過半数は進化論を信じていない

アメリカは科学研究のレベルで世界一だが、一方で敬虔なキリスト教国でもある。日本人が当たり前のように受け入れている科学常識でも、キリスト教の価値観から否定的に捉える人が、かなりいるのだ。

特に、旧約聖書の「人は神からつくられた」という創造論を信じて進化論を否定する人は多い。米調査会社による2010年の調査では、進化論を信じるアメリカ人は過半数を割る40%という結果が出たほどだ。

1925年にはテネシー州で生物学の教師が「進化論」を教えたとして訴えられる騒動が起こり、2002年は、オハイオ州が「教師は進化論に関して議論があることを教える必要がある」という法律を制定。現在でもアラバマ州やジョージア州では「教師が進化論に疑問を呈することを許可する」という法律を提案している。

ただ、近年になって状況は変わってきたようで、米ピュー・リサーチ・センターが2015年に明らかにした調査結果によれば、アメリカ人のほぼ6割が進化論派になっている。

しかしアメリカ南部はいまだ旧約聖書の内容を深く信じる人が多く、「バイブル・ベルト（聖書地帯）」と呼ばれている。ここでは、「進化論はあり得ない派」が多数だ。

現代文明崩壊の危機だった ドミニク作戦

1952年、アメリカは原爆を超える「水素爆弾」（水爆）の実験に成功する。水爆による核実験は繰り返され、世界に甚大な被害を与えた可能性のある実験も行なわれた。それが1962年から約半年間、計105回行われた「ドミニク作戦」だ。

通常の起爆実験が中心だったが、ドミニク作戦の真の恐ろしさは大気圏外で行われたことである。地球近辺の宇宙空間で核が爆発すると強力な電磁パルスが発生し、地球圏の磁場を乱す。磁場の混乱は地上の電子機器に悪影響を及ぼし、コンピュータ類をダウンさせ、通信システム、金融、医療、交通や産業までもが混乱をきたすのだ。

にもかかわらず、アメリカは1962年夏には大気圏外で核兵器を起爆。高度数百キロ圏内にある人工衛星が多数破壊され、ハワイ近辺が数時間停電する事態に陥った。

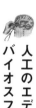

核兵器が中型で、現在ほど通信インフラが発展していなかったため被害は少なかったが、より高威力の核が使われていたら、甚大な被害が及んでいただろう。

ドミニク作戦の一環であるスターフィッシュ・プライム実験の様子。ホノルルの空は赤く染まり、磁場は大きく乱れた。

人工のエデンの園 バイオスフィア2

アメリカ・アリゾナ州の砂漠地帯にある、ガラス張りの巨大な建物。かつて「バイオスフィア2」と呼ばれる実験に使われた施設だ。

バイオスフィアとは「生物圏」という意味で、「2」には第一の生物圏である地球を再現するという趣旨がある。建物にはさまざまな動植物が持ち込まれ、熱帯雨林や湿地帯などの土壌も区画ごとに設置された。そしてこの中では、1991年から男女8名が、外界からの援助を一切絶って自給自足の共同生活を試みたのである。

　実験の目的は人類が宇宙空間に滞在する際、人工的に作られた生物圏の中でも生存が可能かを検証すること。地元の資産家が約1・5億ドルを投じ、100年継続される予定であった。しかし、実際はわずか2年で頓挫する。

アメリカのアリゾナ州にあるバイオスフィア２の施設

　原因は、屋内で酸素が計算どおりに供給できなかったこと、それに伴い農作物の栽培に支障が出て、家畜も育たず食糧事情が悪化したこと、さらに閉鎖的な空間のためメンバーが情緒不安定になり、後に「互いに殺し合わなかったことを誇る」と語るほど人間関係が悪化したことなどが挙げられている。

「月面着陸以来の刺激的な科学プロジェクト」と謳われたバイオスフィア2ではあったが、成功には程遠い結果に終わった。

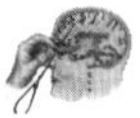

スペースデブリが宇宙船を破壊する

　ここ数年、有人の宇宙探査計画が着々と進行している。NASAは、2024年に宇宙飛行士を月の裏側にまで向けるミッションを計画しており、民間企業のスペースXも、民間人を乗せて月を周回する計画を発表している。２０４５年には火星へ行けるという推測もあり、宇宙開発の新しい歴史が始まろうとしている。

一方、華々しい宇宙開発の発展の陰では、「スペース・デブリ」という負の遺産も生じている。スペース・デブリとは、用済みになったロケットの機体や、運用を終えた人工衛星、放出されたボルトやナットといった部品類などの廃棄物のこと。10センチ以上のもので約９０００個、数センチ単位のものも含めると75万個以上が地球の周りを漂っているという。

デブリの問題は、その破壊力にある。デブリは地上のゴミと違い、真空で抵抗のない宇宙空間をさまよっているため、速度は飛躍的に上がり、秒速7キロメートル以上に達する。これはライフル弾の発射速度のおよそ7倍という猛スピードで、１センチ程度のデブリでも、乗用車の衝突に匹敵するほどの破壊力を持つ。

こうした危険があるにもかかわらず、近年中国は、衛星破壊実験を何度か行っている。目的は、アメリカが運用しているミサイル防衛（ＭＤ）への対抗措置だといわれている。自国の衛星を破壊することで、アメリカに対し「ＭＤを破壊する手段を持っている」とアピールをしたのだろう。

最近では、中国はスペースデブリ除去用「レーザー衛星」の研究を発表している。これが兵器として利用される恐れもあり、どう運用されるのか注視されている。ロシア政府も人工衛星を破壊可能なレーザーを開発する企業を支援しており、アメリカ政府は警戒を強めている。人類の夢である宇宙への進出の裏で、各国による熾烈《しれつ》な軍事競争が繰り広げられているのである。

ブラックホールを発生させる？ LHC実験

巨大な重力で、光ですら吸い込んでしまうブラックホールが、地球上に誕生するかもしれない。そんな耳を疑う実験が行われた。実験の名は「LHC実験」。「大型ハドロン衝突型加速器」と訳されるLHCは、世界最大の衝突型円型加速器で、原子核や素粒子といった「荷電粒子」を加速させる装置としては、世界最高のエネルギー反応を起こすことができる。ブラックホールはその実験の際、放出される巨大エネルギーで生成されるというのだ。

ブラックホールを生成する可能性を指摘された加速器の開発元ブルックヘブン国立研究所

だが、LHC実験は小さな粒子同士をぶつける実験であるため、発生するエネルギーの総量は高《たか》が知れており、巨大なブラックホールが発生する可能性はかなり低い。水素陽子を正面衝突させたとしても、発生するエネルギーは2匹の蚊が衝突した程度。万が一ブラックホールができたとしても、瞬時に蒸発してしまうレベルである。

また、宇宙から降り注ぐ宇宙線が大気圏に到達する際、LHC実験を100万回繰り返すほどのエネルギーが生じていたことがわかっているが、そのときにブラックホールは誕生していない。理論的にはともかく、LHC実験で地球を飲み込むほどのブラックホールが誕生する可能性は、現実には極めて低い。

月の資源はあてにならない

地球の地下資源は、いつか枯渇してしまう。その代替として着目されることがあるのが月の資源だが、そんなものはあてにならない、との意見もある。

確かに、月の成り立ちは地球とほぼ同じとされるので、地球に眠る鉱物は存在すると考えられる。また、月特有の資源であるヘリウム3への注目度も高い。

ヘリウム3は、月の表面に激突する隕石の衝撃や、太陽風、宇宙線にさらされてできる元素だ。資源としての特

1986年に描かれた月開発のイメージ図

徴は、核融合発電に適しているということ。１００キロで１０００メガワット級の発電所が１年間稼動できるという。このヘリウム３が、月には約１００万トン埋蔵されていると考えられている。

しかし、採掘には東京都に相当する面積を３メートル掘る必要があるともいわれている。掘削の機械や技術、さらには運搬に関する技術とコストも問題になる。

それにヘリウム３があるといっても、核融合発電はいまだ実用化前の技術だ。肝心の利用可能な地下資源である石油や石炭、天然ガスは月に存在しない。これらは動植物の死骸が地中に堆積して生成される「化石燃料」だからだ。現状では、さほど月の資源はあてにならない。

台風のエネルギーは広島型原爆の2万倍

１９４５年8月に原子爆弾が投下された広島と長崎の惨状は、写真などの資料で現在に伝えられている。あの悲惨な状況は、秒速４００メートル以上の爆風と６０００度にも達する熱線、そして強い放射線によって生み出された。

そんな原爆よりも大きなエネルギーを持つ自然現象が、ほとんど毎年、日本を訪れている。他ならぬ「台風」だ。

台風のエネルギーは、半径１００キロ程度の小さなものでも、１・５×10の18乗ジュールもある。わかりやすくいえば、広島型原爆の約２万５０００発分にも相当する値である。もっとも降水量が多かったとされる1976年の17号は1・8×10の20乗ジュールとなり、原爆約300万発分に相当する。

一方、地震もかなりのエネルギーを放出するが、1995年の阪神淡路大震災で5・62×10の15乗ジュール、2011年の東日本大震災は2×10の18乗ジュール。つまり、原爆や地震よりも台風の放出エネルギーの方が大きいのだ。

ではなぜ、原爆や大地震の方が被害は大きいのか？　理由は、範囲と時間にある。

台風の平均寿命は5～10日で、エネルギーはその間に放出される。また、台風が影響を与える範囲は広大で、エネルギーは分散される。一方、地震は数分、原爆は一瞬でエネルギーが放出され、影響を与える面積は台風より狭いケースが多い。そのために甚大な被害を及ぼすのだ。

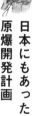

日本にもあった原爆開発計画

世界で唯一の原子爆弾の被爆国である日本。しかし、少し歴史が違っていれば、日本が加害国になっていた可能性もあった。実は日本も太平洋戦争時に、原子爆弾開発研究を行っていたのだ。それが、「ニ号研究」と「F研究」である。

1943年、陸軍航空本部の依頼を受け、理化学研究所に所属する仁科芳雄博士を中心として「ニ号研究」が開始されることとなった。ニ号とは仁科博士の名前からとられた呼び名だ。

研究の焦点となったのは、核物質であるウラン235をいかに用意するか。ウラン235は天然ウランにわずか0・7%しか含まれていないため、これを分離し、濃縮する方法が探求された。

一方、海軍も1941年に、京都帝国大学理学部の荒勝文策教授に原爆の開発を依頼しており、1942年には京都帝大と共同でその可能性を検討している。これがF研究である。

ニ号研究とは異なる濃縮方法を採用して、研究がすすめられた。

いずれも研究水準は高かったが、これらの原爆開発研究は、開始当初から問題が相次いだ。中でももっとも深刻だった問題が、ウランの入手法である。

朝鮮半島、満州、モンゴルなどでウランの採掘が行われたのだが、その成果ははかばかしくなかった。ナチス支配下のチェコのウラン鉱山に目をつけ、資源の提供を受ける計画が実行されかけたが、1945年5月、ドイツは連合国側に降伏し、実現することはなかった。

ウランの濃縮もうまくいかず、資金は不足し研究施設は空襲被害で機能しない。こうして両計画は頓挫し、日本の原爆開発は失敗に終わったのである。

なお、ニ号研究のために使われた経費は、アメリカの原爆開発計画であるマンハッタン計画の約500分の1に過ぎなかった。

日本海軍は殺人光線を研究していた

殺人光線を放射して敵を倒すと聞かされれば、ほとんどの人は荒唐無稽と思うだろう。しかし、大戦中の日本海軍は真剣に、光線による攻撃を考えていた。

きっかけは、ガダルカナル沖で行われた海戦やミッドウェー海戦での敗北。敗因の一つは、レーダー装備の差だといわれた。高性能な設備を持つアメリカ軍に対し、日本軍のレーダーは後れを取っていた。

そこで海軍は、１９４３年に戦備考査会議でレーダーを議題として取り上げた。それを踏まえて海軍大臣は新規設計と基礎研究を進めるよう指示を出す。専用の研究所となったのが、静岡県島田町（現島田市）に開設された海軍技術研究所島田実験所だ。

研究は「Z研究」と名付けられた。数メガワットという大出力マイクロ波を「マグネトロン」という装置で発生させて敵機に放射し、エンジンや電気機器を狂わせて撃墜しようというものである。

マイクロ波を大量に浴びせれば、機器だけでなく、人体の細胞も破壊できる。Z研究が「殺人光線研究」と呼ばれるゆえんである。

研究が進めば恐ろしい兵器が誕生したかもしれないが、Z研究は敗戦にとも

Z研究を発案した伊藤庸二技術大佐

ない中止された。ただ戦後、残された資料を基にコーヒー豆焙煎機が作られ、電子レンジの開発にも役立てられたともいわれる。

実験中に偶然起こった？ 米軍による恐怖のタイムワープ

艦上における極秘実験の失敗で、乗組員の大半が不審な死を遂げた。しかも、船は一瞬姿を消して遠く離れた場所にテレポートしていた――。そんなＳＦのような出来事が起きたとして話題になった都市伝説が、フィラデルフィア実験である。

事件が明らかになったのは、１９５０年代、カルロス・マイケル・アレンデという男が実験に関する告発文を作家や海軍に送ったことによる。

事件が起こったとされるのは、１９４３年10月のこと。その少し前、アメリカ海軍はドイツ軍の索敵《さくてき》から逃れるために、艦表面の磁場を消す方法を探っていた。

フィラデルフィア実験によって瞬間移動したとされる駆逐艦「エルドリッジ」

その一貫として海軍は、強大な電力を生み出して艦上の磁場を消す実験を計画。フィラデルフィアの工廠《こうしょう》において、駆逐艦「エルドリッジ」が実験の舞台である。磁場の消失が人体に与える影響を観察するため、多くの海兵が乗せられた。

実験開始当初は問題がなかったが、しばらくするとエルドリッジは乗組員とともに数秒間消失。約320キロ離れたノーフォーク軍港で、エルドリッジらしき駆逐艦が目撃されたという。再び姿を現したときには船内が丸焦げで、実験器具は全壊。乗員の大半が異常な状態で死亡しており、全身が焼け焦げた者、体中が凍りついた者、壁に体がめり込んだまま発見された者もいたという。実験は即座に中止されてデータは破棄され、実験自体がなかったものとして、封印されることになった。

　これらが事実なら恐るべきことだが、結論からいえば、このタイムワープ事件は信憑性が極めて低い。

　エルドリッジは当日別の場所にあったし、海軍は事件を否定している。しかも、アレンデの証言は支離滅裂で、実験があったことを証明できるものではなかった。

　工廠でなんらかの実験が行われていた可能性はあるが、あったとしても規模は小さく、人が死ぬようなことはないという。

　偶然実験を目撃したアレンデが大規模な実験だと早とちりした。海軍に友人がいたのは事実のようなので、実験内容を勘違いして広めてしまったと考えた方が、妥当ではないだろうか。

ソ連とアメリカが取り組んだ超能力兵器研究

念力で人や物を操ったり、透視能力で極

秘資料を見たりすることができる。

そんな超能力を軍事利用する研究が、旧ソ連やアメリカで真剣に行われていた。

ソ連は第一次・第二次世界大戦中にも活発に研究を進めていたが、何度も中断して結果は芳しくなかった。

だが、1960年にフランスで出版された『魔術師の朝』という本がきっかけで、急速に研究は発展していく。ソ連の研究者が衝撃を受けたのは、「アメリカ政府が大西洋の海底とアメリカ本土の間で長距離テレパシー実験を行い成功した」という内容だ。

ソ連の超能力研究者ヴォルフ・メッシング

だが、実はこれは著者の創作で、科学的な裏付けはまったくない。にもかかわらず、ソ連はアメリカに対抗すべく超能力研究を進めていくことになった。

やがて研究内容は、1968年の『ソ連圏の四次元科学』という書籍や、2年後の東欧諸国に関するレポート「鉄のカーテンの向こう側の超能力研究」などで公となる。その内容は、ソ連をはじめとした共産主義国が、超能力を実戦で利用できる段階まで進めているというものだった。

これに慌てたのが、アメリカである。ソ連が『魔術師の朝』に焦ったのと同じような事態が起きたのだ。

しかし、超能力が軍事利用されていない

のは周知のとおり。実用化されたという信憑性のある発表は、両国から出ていない。

　それでもアメリカは、1995年まで研究と訓練を続けていたという。

ソ連が10年をかけた幻の作戦　サイボーグ犬開発計画

　移動に利用された馬や、通信手段として用いられた伝書鳩など、戦場で利用された動物は多い。人間にとって役に立った動物もいれば、軍事利用に適さず定着しなかったものもある。

　そうした失敗例の中でもユニークなものといえば、旧ソ連が進めたという「サイボーグ犬開発計画」だろう。

　冷戦が本格化していた1958年、ソ連は動物の頭に機械の体を付け、忠実な機械兵器に改造するという計画を発案。被検体にはイヌが選ばれ、開発計画はセルゲイ・ブルコネンコ博士によって、「ザ・コリー」と名付けられた。計画は、博士の指揮により10年間も続けられたという。

　この計画によって、ブルコネンコ博士はイヌの頭部を自作の人工心肺に取り

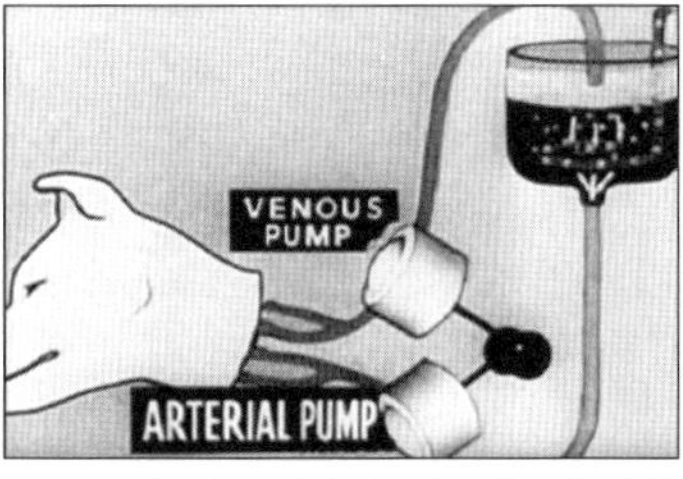

セルゲイ・ブルコネンコ博士による犬の頭部と人工心肺をつなげる実験（引用：https://www.youtube.com/watch?v=KDqh-r8TQgs）

付け、生存させる実験に成功したともいわれている。

トリックの疑いもあるが、サイボーグ化開発自体は、かなりの段階まで進んだとされている。起動実験にまでこぎつけたとの説もあるが、最終的には中止となっているため、その実態は謎のままだ。

一方のアメリカでは、ネコを用いた動物兵器開発が進められ、実験はかなりの段階まで行われていたようだ。

ＣＩＡはネコの耳付近に盗聴器と電池を埋め込み、傍受した会話内容を尻尾内部のアンテナを通じて目的地へ送信される仕組みを開発。改造を施されたネコは、職員の会話を傍受するためソ連領事館近辺の公園へと放たれていた。

ところが、スパイネコは公園から道路へ飛び出し、車に轢かれて死亡。この事故でネコのスパイ化は非現実的と判断され、約１０００万ドルをつぎ込んだ計画は中止となった。この事実は秘匿されていたが、２００１年にＣＩＡが公開した資料により、明らかになった。

5章 文化・制度編

キルギスには男性が女性を誘拐して結婚する風習がある

アジア中央部のキルギス共和国には、「アラ・カチュー」と呼ばれる風習がある。男性が女性を誘拐・監禁して結婚に持ち込むという、驚くべきものだ。

結婚したい男性は17歳から25歳のめぼしい相手を決め、親族や友人らとともにその女性をさらって自宅に監禁。その後、男性の両親や兄弟が女性を説得し、結婚まで持ち込む。この方法によって農村部では、現在も60~80%もの女性が結婚「させられている」ともいわれている。

イスラム教を信仰するキルギスでは、女性が男性の家で一晩過ごすと「穢《けが》れた」とされる。そのため女性の家族も、娘が戻ってきても家族の恥になるとして、そのまま嫁ぐよう諭す側にまわるという。

また、キルギスではお見合いや恋愛など「正式」な形で結婚する場合、約10万円弱と牛1頭を女性側に納めるしきたりがある。庶民にとって非常に経済的負担が大きいため、男たちは誘拐婚という安上がりな禁じ手に流れるわけだ。

アラ・カチューは１９９４年に法律で禁止されたが、警察も裁判官も黙認状態で、男たちが逮捕されるケースはほとんどない。２０１２年には誘拐婚を厳しく罰する「イスラム婚姻法案」が国会に提出されているものの、男性議員の多くが反対の票を入れ否決されている。女性による反対運動も起こっているが、状況が変わるのは容易ではない。

スコットランドに人肉を食べる一族がいた

イギリス・スコットランドの南西部に位置するサウスエアシャーは、古い修道院や古城が点在するのどかな街だ。だがこの地域には15世紀頃、人肉を25年にもわたって食べ続けたソニービーンなる怪人が存在したという。

　スコットランドの田舎町で生まれたソニービーンは、生来の怠け者で粗暴な人物であった。成人して家を出ると、意気投合した女とともに、洞窟で暮らすようになる。

　2人は旅人を殺害し、金品を奪うことで生計を立てていたが、食糧に事欠いたとき、思いついてしまった。人間を殺傷して死体を食べればいいのだと。

　彼らは死体から内臓を抜き取り、四肢を切り分けると塩漬けにして食卓に載せた。余った肉は干してフックにかけ、「保存食」にしたといわれる。

　2人は性欲旺盛で多くの子どもをつくっ

ソニービーンを描いたイラスト。洞窟近くの女性は、人間の足を持っている。

たが、正規の教育を受けさせず、旅人の殺害方法と死体の解体技術だけを学ばせたとされる。子どもたちは近親相姦を繰り返し、最終的には48人もの大家族になったという。

　だが、不審な失踪事件が多発したことから、ついに軍隊が出動。ソニービーンと一族は捕えられ死刑に処された。子どもたちはなぜ自分たちが処刑されるのか、最後までわからなかったと伝えられている。公式記録が残っていないため、これらの話は創作だという指摘もあるが、ひょっとしたら、残虐すぎて事実を消されたのかもしれない。

ニューギニア島南部高地に住む フォレ族の「食人習慣」

パプアニューギニアの高地に住むフォレ族は、1920年ごろから衝撃の儀式を繰り返していた。葬儀の際に遺体の肉を骨から削ぎ落とし、バナナの葉に包んで焼き食べるというものだ。

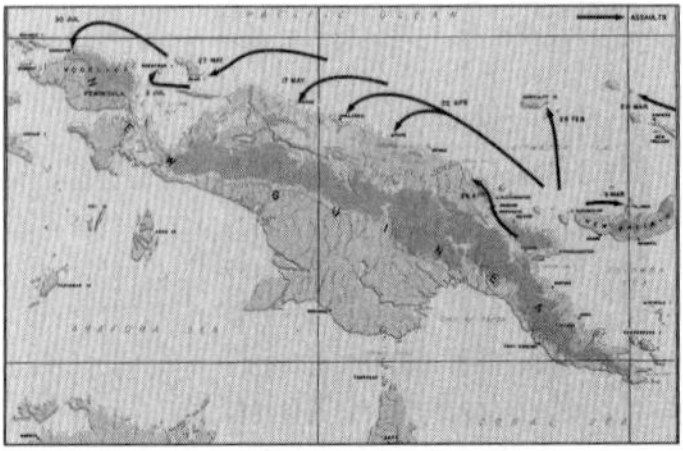
ニューギニア島の地図。多数の部族が暮らしている。

　なぜそのような恐ろしいことをしていたのか？　それは、「愛する近親者の肉体を食することでわが身に収め、死者の魂を慰めることができる」というのが理由だとされる。

この食人儀式が１９５０年代に定着し始めると、奇妙なことが起こるようになった。葬儀に出席した女性や子どもを中心に、無残な死を遂げる者が続出したのだ。ときには葬儀に参列した20人のうち15人が死ぬこともあった。

　この怪奇に恐怖した人々は、現地語で「震える」の意味を持つ「クールー」から、「クールーの呪い」と名付けた。

　なぜフォレ族の間でクールーが起きたのか？　その原因をつきとめるため、欧米の人類学者によって１９５７年に現地調査が行われた。老女を数人診察したところ、プリオンというタンパク質の異常により、脳がスポンジのようにスカスカになっていたことが判明。その原因は、人間が人肉を食す「同種食い」によるものとされた。

　そもそもフォレ族に食人風習が定着したのは、女性と子どもの多くが栄養失調で、飢えをしのぐ目的の一つだったようだ。

　１９５０年代終わりにオーストラリア政府が出張所をもうけたことで、食人習慣は中止された。しかし、その後もしばらくは発症者が後を絶たず、１９５７年から２００２年までに２５００人もの死者が出たといわれている。

サンビア族の少年は大人の精液を飲まされる

　少年が大人になる通過儀礼を「イニシエーション」といい、多種多様な風習がある。例えばニューギニアの高地に住むサンビア族には、なんと少年が大人の精液を飲まされるという風習があった。

サンビア族は、精子は体内で作られるのではなく大人から受け継がれていくものだと考えていた。精液を飲むことで男性器が大きく育つ。そう信じていたと考えられる。

少年たちは9歳か10歳に達すると、一人前の男になるために女人禁制の「男の家」に入る。

そこで大人の男性器をくわえ、精液を飲まされるのだ。

こうした風習は、ニューギニア島のいくつかの部族の間でみられた。

ニューギニア南西部に住むマリンド・アニム族の場合、口ではなくアナル・セックスで精液が注ぎ込まれていた。コレポム島に住むキマム族はそれに加え、鋭い竹のナイフで少年の体に傷をつけ、その傷口に精液をすり込む方法をとっていたという。ヤカイ族は特定の年上の男性と義兄弟、もしくは義理の親子関係を結び、その男性から精液の注入を受けていたようだ。

これらは欧米の人類学者によって明らかにされて注目を集めたが、近代化にともない、現在では途絶えている。

気絶するのは当たり前 セピック部族が刻むワニの紋様

パプアニューギニア随一の大河、セピック川流域のほとりに住むイアトムル族は、ワニを守り神として崇め、祖先もワニだと信じている。

そんな彼らの成人式では、「偉大なるワニの強さを体に取り入れる」ことが表現される。しかし実際に行われるのは、背中一面の皮膚をカミソリで何千も傷つけるという痛々しいものである。

新成人は、村長のデザインした模様をカミソリで削がれると、そこに特殊な樹液を塗られて傷口を膨らませ、ワニの鱗《うろこ》のような模様を刻まれる。

セピック部族の男性

だが、傷からにじみ出た血を水で洗い流すときの激痛たるや、気絶、嘔吐《おうと》、失禁などが当たり前というから凄まじい。この過程での流血は、「母親から受け継いだ女の血を流しきる」意味があり、これによってはじめて「男に成る」と信じられている。しかし止血もしない体を傷つけ続けるので、障害が残ったり、ショックや出血多量で死亡したりした例もある。

傷を彫り終わった後も、そのウロコ模様の部分が化膿《かのう》する何日もの間、激痛は続く。しかも横になって眠ると傷に負担がかかり、仕上りが綺麗にならないので、寝るのも一苦労。これらの苦難を乗り越え、2カ月ほどで肌はワニの皮膚そっくりのウロコ模様になり、男たちはやっと成人「クロコダイルマン」として認められるのである。

顔をタトゥーで彩る マオリ族のモコ

　ニュージーランドのマオリ族の特徴は、なんといっても目と口が埋まる顔を覆うタトゥーである。

　マオリ族のタトゥーは「モコ」と呼ばれ、繊細で異様な迫力を醸し出している。絵柄が細かいほど地位が高いなど、細かいルールがあり、昔はその文様を見るだけで、出身の島や血統、さらにはどんな仕事をしているかまでわかったという。

　モコの施術に使用する道具は、1世紀ほど前までは骨の先で肌を深く掘り、火薬を染料にしていたそうだが、今では錐に近い形状の道具を使う。下書きをし、1分間に3000回も肌を刺し、表皮の下の層に少しずつインクを入れていく。それもタトゥーのような細い筋ではなく、もはや「傷」と言っていいほどの跡が入っていく。

モコを施した男性の絵。19世紀後半に描かれた。

　そこまで深く刻み付けるのだから、痛みと肉体への負担は相当なもの。しかし、「出産の例もあるように、痛みはよいものをもたらす。痛みをコントロールし自分のものにすれば、素晴らしいものが得られる」とマオリ族は考えるのだ。

　最近では、モコのタトゥーは文化・芸術面から広く脚光を浴びるようになってきている。モコの歴史と技術を勉強するイベントが開かれ、世界中の彫師が集まるほどだという。

生きたまま焼かれるインドのサティー

　夫が先に死んだ場合、貞節を守り続ける誓いとして、妻も生きたまま焼かれる。このショッキングな風習が、インドの「サティー」だ。1829年に法律で禁止されているが完全にはなくならず、1987年には、かなり悲惨な事件が起きている。

　18歳のループ・カンワルは夫を亡くした直後、サティーを行う意思を表明した。ループは遺体を焼くために積み上げられていた薪《たきぎ》の上に座ると、数千人の群衆が見守る中、夫の頭を膝に乗せて焼かれた。

　ところがその後の捜査で、カンワルは火葬用の薪に上がる前、麻薬を大量に飲まされていたことが判明した。さらに「逃げ出そうとする彼女を義弟らが阻止した」「助けを求める悲鳴がドラムの音でかき消された」などの証言が続々と報告されたのである。

　彼女が殺されたのはなぜか？インドの高い階級では、男児をもうける前に夫が死ねば、未亡

サティーの様子。中央で女性が焼かれている。

人が財産の相続権を持つという慣習がある。しかし、妻がサティーを行って夫のあとを追うと、その権利は嫁ぎ先に残ることになっていた。それを目論み、嫁ぎ先がむりやりカンワルを焼き殺したとみられている。

この事件がきっかけとなり、州政府はあらためて「サティー禁止法」を制定した。手助けをした者は死刑か終身刑、美化したものは1年から7年の禁固、もしくは5万円以下の罰金を科されることとなっている。

インドのトダ族が直面した嬰児殺しと一妻多夫制

夫がひとりに妻が多数。そんな一夫多妻制の国は多いが、逆の「一妻多夫制」はほとんど耳にしない。実際、この風習が残る地域は世界でごくわずかだ。そのうち、南インドのトダ族は、止むに止まれぬ理由で一妻多夫制をとっている。

トダ族はヒンドゥー教に属さない少数部族の一つで、水牛を神聖化し、その乳製品を作ることを宗教行為ととらえる、独自の宗教観と伝統を持っていた。

ところが、19世紀にイギリス人が侵入してきたのをきっかけにして、さまざまな異文化がインドに流入。周辺の民族がトダ族の乳製品を必要としなくなるなどして、彼らは貧困に陥った。

そこで人口抑制を目的として嬰児《えいじ》殺しが行われるようになり、その対象として女児が選ばれた。これによって、トダ族では男性の比率が極端に上がってしまい、ひとりの妻が複数の夫に嫁ぐことになったのだ。女性は主に兄弟に嫁ぐが、部落を異にした男たちと結婚し、1ヵ月間隔で夫のもとを巡回する場合もあったという。

現在は、嬰児殺しが政府によって禁止されているため、トダ族にも変化が表れている。男女比のバランスがよくなり、一夫一妻が可能な水準にまで回復。一時は極端に減少していた人口も、徐々に回復傾向にあるという。

19世紀後半に撮られたトダ族

あらゆる道具で口を串刺し ベジタリアン・フェスティバル

タイ・プーケットの「ベジタリアン・フェスティバル」は、100年以上の歴史を持つ祭だ。見どころは、なんといっても「マーソンの行進」。マーソンとは、神と交流できる中国系寺院の信徒のこと。参加者は中国刺《し》繍《しゅう》を施したエプロンを身に付け、口にあらゆる道具を串のように刺すのだ。

祭り当日となると、マーソンたちは長い串、ノコギリ、パイプ、中には自転車やパラソルを口に刺す猛者もいる。火や刀の上を渡る者、酔っ払った様なトランス状態に陥る者、ただ歩くだけの者など、儀式における行動もマーソンによりさまざまだ。

なぜこんな祭りが行われるのか？　起源は、道教の九皇帝祭とする説が有力だ。

プーケットはかつて、錫《すず》の産地として栄えており、中国から多くの労働者が出稼ぎに来ていた。ある日、慰労のために公演に来た中国の京劇団員が原因不明の病にかかった。劇団員たちは食事を菜食に切り替え、心と体を浄化する神「九皇帝神」に祈りを捧げた。すると、病気はみごと回復。それを見ていた地元の住人が、健康、幸福、平安を祈る儀式として、串刺しの行進を始めたという。これには、「肉を食べないよう口を封じる」という意味が込められているとされる。

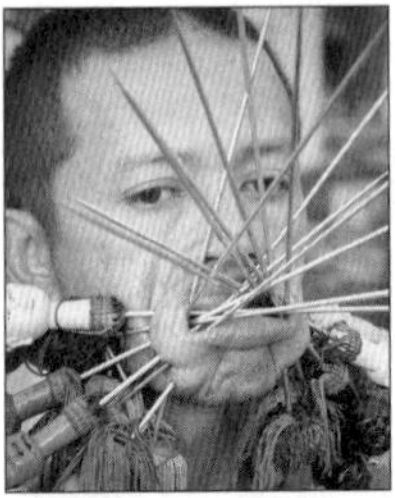
ベジタリアン・フェスティバルに参加した男性（© Joseph Ferris III）

フィリピンの聖週間では人を磔にする

フィリピンはアジア最大のキリスト教国。そんな国で異彩を放つ行事が「聖週間」である。

聖週間とは、イエス・キリストがエルサレムに入城してから処刑されるまでの1週間を指す。この期間中、キリストの功績を称えるために、さまざまな催しが世界各地で行われるが、フィリピンでは十字架に人を磔《はりつけ》にするイベントが行われるのである。それが、イエス処刑を再現した十字架劇だ。

十字架劇では、キリスト役の参加者は本当に十字架を担ぎ、イバラの冠を被って町中を練り歩く。その後からは何十人もの苦行者が列を連ねて付いていき、背中に鞭を打たれて血を流しながら、主が受けたであろう痛みと苦しみをその身に刻みつけていく。そして、所定の場所まで十字架を運び終えると、本当に釘を掌に刺して十字架に固定してしまうのだ。

十字架にかけられる人間は、基本的に地元の志願者の中から厳選されるが、かつては外国人教徒からの志願が殺到していた時期もあったらしい。

あるときはＳＭ系専門マゾＡＶ男優の日本人が参加し、あろうことか行事の一部始終をＡＶに収録している。これに対してフィリピン人が激怒するという事態も起き、現在は外国人の参加が禁止されている。

女性の足の成長を無理やり止めた中国の纏足

かつて中国では、足の小さな女性が美しいとされており、時代によっては足が大きいと結婚はおろか恋愛すらできなかったという。

そこで、母親たちは娘が行き遅れにならないよう幼少期に足の成長を妨げ、5歳児程度の大きさに止める風習があった。これが有名な「纏足《てんそく》」である。

纏足は、主に3歳から5歳までの少女に行われる。まずは足をお湯で念入りに温め、柔らかくなったところで親指以外の指を足裏に向けて折り曲げ、布でしっかりと縛り上げる。さらに半年間かけて布の縛り方を強め、指が土踏まずに深く食い込んだら、指を中足骨ごと折り曲げる。最後は足裏にくぼみができるように縛り方を変え、ハイヒール状になるよう固定する。

理想とされる3寸（約10センチ）の大きさになると完成で、トータルで3年ほどはかかるという。

纏足の女性は腰周りが鍛えられて性的能力が高まると信じられ、男性たちから非常に重宝された。変形した足での遠出はほぼ不可能であったことから、女性を家に束縛することも目的の一つだったのではないか、ともいわれている。

しかし、１９３０年代には、中年以下の女性のほとんどが男性本位だとして纏足を放棄した。さらに、１９７０年代の文化大革命による旧来風習の断絶活動によって、纏足の風習は廃れていった。

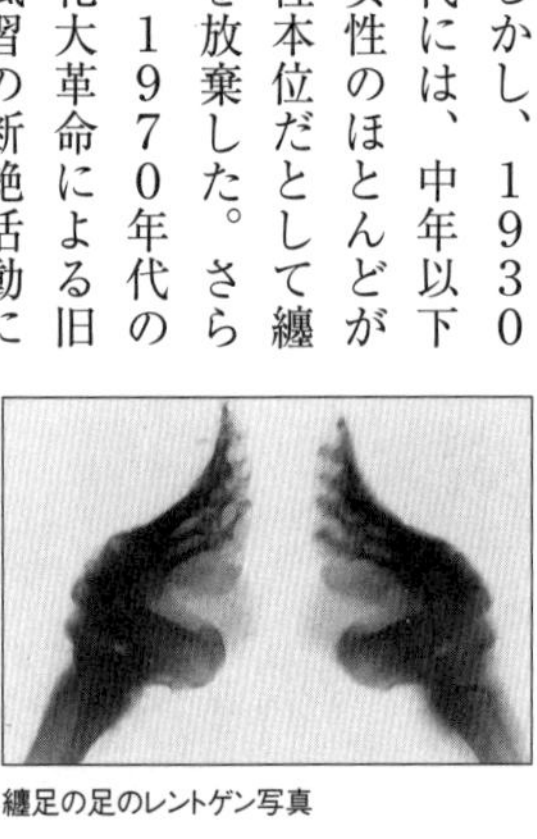
纏足の足のレントゲン写真

遺体の盗難や人身売買が問題化 中国の冥婚

「冥婚《めいこん》」とは「死後結婚」のことである。婚約以後の男女どちらかが結婚前に亡くなってしまった場合、あるいは婚約以前に亡くなった子どもに対して、親が形だけでも結婚させる習慣を指す。

　そんな冥婚が行なわれている中国では、遺体が商品として高値で取引されるという事態が問題視されている。

　中国では土葬が一般的で、亡くなった未婚の男女を結婚させる場合も、2人のお墓を掘り起こして一緒に埋葬した。しかし、政府の方針によって火葬が推奨されると、土葬する冥婚用の遺体が不足。しかも亡くなった男性遺族らが女性の遺体を求めるケースが増えたことで、「冥婚用死体調達専門業者」が増えていき、埋葬直後に墓を掘り起こし、女性の遺体を盗む事件が多発していた。

　さらに、かつて行われていた「1人っ子政策」が悪影響を及ぼしている。農村部では男の子を重んじる風習があるため、多くの家では男の子が生まれるまで女の子の出産は隠されていた。その結果、生まれた女の子は戸籍がないままどこかに売られ、冥婚用の遺体用に殺されてしまうケースまで起きるようになったのである。

中国原産のチャウチャウは食用犬

　ふわふわの体毛にくしゃくしゃの顔、小さな目が可愛いチャウチャウ。まるでぬいぐるみのようだが、実は食用犬だということをご存じだろうか。

　チャウチャウは中国が原産で、2000

年以上前から生息し、飼育されていたとされる。番犬として飼われたり、ソリを引いたり、猟犬として使われたりすることもあったらしい。

　しかし、チャウチャウがもっとも利用されたのは肉と毛皮。あのふっくらとした体とボリュームのある毛並みは「肉をとる」「毛皮を剥がす」ために改良されたもので、棒状の脚も太りやすくするためのものなのだ。

中国原産の犬チャウチャウ（© Ozulus）

　食用のチャウチャウは、特別に管理された柵に入れられ、肉は与えられず穀物の配合飼料のみで飼育される。そして、特定の体重を超えるまで太らされたのちに出荷。肉の柔らかい若いうちに屠殺される。つまり、チャウチャウの特徴的な愛らしさは愛玩用ではなく、肉や毛皮のために作られたものなのだ。

　このように記すとひどく残酷だが、犬肉食の文化を持つ国や地域は案外多く、かつては日本でも犬が食べられていた。馬や鯨を食べることに抵抗を感じる国があるように、文化の違いが食の違いを表すことがあるわけだ。

遺体を鳥に食べさせる チベットの鳥葬

中国西部のチベットでは「火葬」「土葬」「水葬」などの葬儀が行われるが、もっともポピュラーな葬儀は、なんと遺体を鳥に食べさせる「鳥葬」だ。

見せしめのための刑罰なのかと思いきや、成仏して魂の抜けた遺体そのものを天へと送ることを目的とした儀式なのだという。

人間は生きるために多くの命を糧としてきた。死後に体を鳥たちに差し出しお詫びするという意味が、鳥葬にはあるという。また、死者を空へ還すのにもっとも効率的で簡単な方法だとみなされてきた、という考えもある。

現実的な理由としては、この風習が残る地域は、土葬をするには土が硬くて深く掘れず、火葬をしようにも燃料となる木々が充分に集まらない。だから鳥に遺体を処理してもらったのでは、ともいわれる。

では、いかにして鳥に遺体を処理させるのか？　まず郊外に設置された鳥葬台に遺体を運び込むことから始まる。この鳥葬台で、鳥葬師と呼ばれる職人が遺体を細かくバラバラにする。すると「天の使い」とされるハゲワシが寄ってくるので、鳥葬師は食べ残しがないよう丁寧に分け与えていく。

現在では野蛮な風習とみられることもある鳥葬だが、古くからの伝統と信仰に基づいた文化の一つ。そのためチベット自治政府も、観光客による撮影や報道を禁止する「天葬管理暫行規定」を公布し、鳥葬師を特別な職業として保護している。

600人を粉挽き機で虐殺したジンガ女王

歴史上、悪女と呼ばれた女性は数多い。

だが、17世紀に存在したアフリカ・アンゴラの女王ジンガほど凶暴な女性は稀だろう。その無慈悲な振る舞いは、「猟奇的」の一語に尽きる。

まず、女王は人肉を常食していたと言われ、特に子どもの柔らかな肉を好んだという。そのため、2日間で130人もの子どもを食したという伝承もある。

またあるときは、視察に訪れた地方で村人の些細な過ちに腹を立て、約600人の住民を残らず幽閉。その後巨大な石の粉挽《こなひ》き機によって全員をすり潰し、犠牲者の生血を若返りの霊薬として啜ったとも伝えられている。

さらに、彼女は異常な性欲の持ち主であったとされる。例えば、ジンガは好みの男を集めては快楽のために奉仕させた。だがそれは、男を鞭で打ち、刃物で肉を抉るというサディスティックなものであったという。そして情欲が満たされれば、男を容赦なく殺したというから、まさに暴虐の限りを尽くした女王と言えるだろう。

猟奇的な伝承が残るジンガ女王

ただその一方、ジンガは植民地支配を目論むポルトガルとの折衝にあたり、国を脅威から守るため自らキリスト教に改宗するなど聡明な女性であったともいわれる。残虐なエピソードの数々が、女王を陥れるために敵対国によって広められたという可能性も、十分考えられる。

　極悪非道な女王か、優れた女性君主か。その正体は未だ謎のベールに包まれている。

少女の乳房を無理やり潰す ブレスト・アイロニング

　カメルーンやギニアといった西・中央アフリカでは、欧米から非難されるある習慣が残る。思春期の女性の胸を擦り潰す「ブレスト・アイロニング」だ。特に問題視されるのは、粗雑な施術方法である。

　施術には、バナナやヤシの実の殻やスリコギ、へら、石などの台所用具が用いられる。これを釜戸の火で熱し、娘の胸部分の皮膚に押し付けて激しくこする。その後、叩きながら膨らみを平らにしていくのだ。女性に肉体的、精神的なダメージを与えることは、想像に難くない。

　ブレスト・アイロニングが厄介なのは、少女を男性の性的アプローチやレイプ被害から守るために母親や祖母が行う、という点だろう。親の多くは、「娘の純潔と人生を、この手で守るために行う」ので、後悔がないどころか誇らし気でもあるという。

　しかし、医学の知識がない者が粗悪な道具で行うため、心身に及ぶリスクは大きく、乳ガンをはじめとした病気の原因になるとされている。近年、やっと医師の調査が入り始めたが、現状を変えるにはまだまだ時間がかかりそうだ。

さらには、ブレスト・アイロニングから逃れるため、多くの少女が家出の末ボーイフレンドの元に駆け込み、これが早過ぎる妊娠の原因となっている。母の愛は、皮肉にも逆の結果を招いているのである。

アフリカの少女に行われている女子割礼

母親の手でテントへ連れて行かれた娘が、着飾った女性たちに押さえつけられ、性器の先をカミソリで削ぎ落される。

この目を覆いたくなる風習が、アフリカや中東の一部で行われる「女子割礼」だ。

手術の方法は地域によって異なるが、もっとも多いのはクリトリスと外陰部、もしくは生殖器全体を除去する方法だ。イスラム圏で重視されるスンナ（慣習）では、生後8日目で女子割礼を行うことが望ましいとされている。明確な決まりはないが、少なくとも生理がくる前に行われるという。

その歴史は古く、2000年以上前から存在したとされるが、目的はよくわかっていない。聖書にもコーランにも、女性に割礼を命じる文面はないのだ。

これを文化だとして擁護する意見もあるが、問題は、それを本当に女性たちが望んでいるかだろう。

なぜ女性たちは割礼を受けるのか？　それは、割礼を受けていない女性は欠陥品、または売春婦の烙印を押されて結婚できないからだ。しかし、そのずさんな手術のために感染症や不妊、死産など、健康状態に大きな影響が出てしまい、社会生活が普通にできなくなるケースも多いという。

　そのため、アフリカ各国でも法律で禁止する国が増えてきているが、いまだアフリカ北部から中部にかけては、15~49歳の女性の約90%が割礼を受けているといわれている。

東アフリカではアルビノの人肉が売買されている

　白い生き物を神聖化する地域は多い。日本でも「白蛇」や「白狐」を神の使いと崇める風習が古くからあり、現在でもそうした風習を残す神社は全国に残っている。だが、「白い人間」を特別視し、しかも食べてしまうとなれば話は別だ。

　皮膚や髪、目に色素がない人や動物を「アルビノ」という。その原因は体内でメラニン色素を作り出せない遺伝性疾患「先天性色素欠乏症」にある。医学の発展にともない明らかになった疾患だが、アフリカの一部には「アルビノの肉には魔術的な力があり、幸運や富をもたらす」という迷信が残っている。

　迷信が伝わる地域では、人体の一部を切り取って薬草や木の根に混ぜるという伝統治療が、呪術医によって行われている。つまり普通の人間でも構わないわけだが、全身が白いアルビノは、治療のために「最適」とされているのだ。

　しかも、アルビノの臓器や手足は高値で売れるため、アルビノ狩りをする恐ろしい集団も存在する。アルビノで全身のパーツが残った遺体は、なんと７万５０００ドル相当で取引されているとの報告もある。

　全人口に占めるアルビノの割合が世界でもっとも多いタンザニアでは、特に襲撃事件が多く、殺人、体の切断、レイプ、誘拐、さらには遺体が墓から掘り出される惨事が多発。２０１７年には、南アフリカのある村で呪術師に勧められるまま、村民の３分の１が人肉を食べたという事件が発覚している。

体を痛めつけるシーア派儀式アーシューラー

　世界各国には痛みや苦痛が伴う風習や行事が多々あるが、イスラム教シーア派の「アーシューラー」の激しさは別格だろう。

　アーシューラーとは、イスラム教の預言者ムハンマドの孫イマーム・ホセイン師を悼む儀式のこと。ホセイン師は、６８０年のカルバラの戦いで、敵対するウマイヤ朝によって一族もろとも惨殺されてしまった人物だ。

「師の殉教を哀しむ」儀式であるため、アーシューラーの日が近づくと至る所に黒い小屋が建ち、道路脇には黒い横断幕が貼られ、街路樹も全て黒い幕で覆われるなど、町中が「喪の色」に染められる。

　この儀式が過激なのは、「ダンデ」と呼ばれる集団による行進「ザンジール・ザニー」があるからだ。ダンデは太鼓を叩いたり棺を担いだり、思い思いの哀悼の表現をしながら練り歩く。そして「ホセイン！ホセイン！」と涙を流して名前を叫びながら、鉄製の鎖でお互いの背中や胸を打ち付け、鞭や刀で自分を傷つけるのだ。

　体は赤く腫れ上がり、頭や背中からは多量の血が流れ出す。しかもダンデには、子どもや老人も含まれている。

　それでも自分を痛めつけ続け、エスカレートすれば頭をかち割ることもある。体中が真っ赤に染まっている者も１人や２人ではないらしい。

　日本人からすれば危険な儀式だが、この日は宗教心と感情が絶頂まで高まる特別な日。イラン革命の際にも、アーシュラーの日の熱狂は特別だったという。

南米の苦痛を伴う儀式 毒アリ手袋成人式

　世界には特別な試練を克服した者だけを、成人と認める部族がいる。中には、猛毒による肉体的な苦痛を乗り越えなければな

毒アリ手袋の儀式に臨む青年。男性の左右にあるのが儀式用の手袋

らない部族も存在する。それがアマゾン河流域に住むサテレ・マウェ族だ。

この部族が使うのは、スズメバチにも劣らない強い毒を持つアリ。毒が注入されると呼吸困難や血圧低下を引き起こし、弾丸に撃ち抜かれるのと同等とされる激痛が全身を駆け巡るという。

サテレ・マウェ族の成人式に決まった日にちはなく、一定の年齢に達した若者ならばいつでも挑戦することができる。

挑戦者が現れると、大人たちは大量の毒アリを採取し、草や竹を編みこんで作った手袋に閉じ込める。そして成人式当日に、挑戦者は両手に手袋を嵌め、最低10分間は激痛に耐えなければならない。もし痛みに耐えかね手袋を外してしまうと儀式は失敗。後日やり直しとなってしまうのだ。

毒の影響はその後も最長数日間は残り、治療薬はないので症状が体から消え去るまで激痛に耐え続けるしかない。さらに、この痛みを克服しても、まだ大人とは認められない。なぜなら、成人となるにはこれを20回繰り返さなければならないからだ。そのため、試練を短期間で終わらせられるのは困難で、数カ月から数年かけて突破するのが普通らしい。

ヤノマミ族には母親が嬰児を殺す習慣がある

生まれたばかりの赤ん坊を、産み落とした母親が殺してしまう。そんな驚愕の風習を持つのが、南米アマゾンに暮らす「ヤノマミ族」だ。その風習の裏には、「生活」と密接した生々しい事情がある。

自然と共存しながら生き、文明を避けるように暮らすこの民族は、常に食糧不足に悩まされている。そんな状態では、生まれた赤ん坊全てを育てることが叶わない。

そこで母親は、まず赤ん坊が生まれたら「育てて人間として迎えるか、殺して精霊として還すか」の選択を迫られるのだ。この決断は母親がどんなに若くても、その赤ん坊を産んだ女性のみに託され、誰も口出しすることはできない。

産後、母親が赤ん坊を抱きかかえたら、人間として迎えられる。

逆に、抱きかかえずに「精霊として還す」と決断した場合、母親は赤ん坊を自分の手で殺し、遺体をへその緒がついた状態でバナナの葉にくるみ、大きなアリ塚に放り込む。亡くなった赤ん坊はアリに食べられ、母親はさらにアリと遺体を巣とともに焼き、丸ごと自分で食べるのである。

日本人からするとショッキングな風習ではあるが、アリが人間の男性の精霊の生まれ変わりだと信じられているヤノマミ族にとっては、魂を自然と融合させる神聖な儀式であり、ごく普通に行われているのだ。

大宝律令では拷問のルールが定められていた

701年に成立した大宝律令《たいほうりつりょう》は、行政法

や刑法が整備された日本初の法典だ。そこでは罪を自白させるための拷問も制度として明文化された。拷問の手段として採用されたのは、「笞打《むちう》ち」である。

単に被疑者を痛めつければいいというわけではなく、細かな規則が存在した。

まず使用される笞は長さ3尺5寸（約106センチ）、太さ3分（約1センチ）、1回で行う笞打ちの回数は200回までと決められていた。2回目を行う場合は20日以上空けなければならないという定めもあり、被疑者に対する一定の配慮も見られるが、それでも厳しい。

また虚偽の訴えによって拷問を受け、後に濡れ衣であったことが判明した場合、訴えを起こした者が笞打たれるという規則や、規定の回数以上を叩いた場合には、その回数分、尋問者が叩かれる罰則まであったという。

このように大宝律令では順法精神を求めていたが、それはあくまで表向きで、陰では苛烈な拷問もあったと推測されている。例えば、757年に橘奈良麻呂《たちばなのならまろ》なる人物ら数人が謀反を企てた容疑で捕縛されたが、その際には鼻を削《そ》がれ舌を焼かれるなど凄惨な拷問を受けたと伝えられている。

土壇場とは
斬首刑執行の場のこと

「9回裏の土壇場《どたんば》」など、土壇場という言葉は、物事の最終局面に使われることが多い。それもそのはず、もともと土壇場とは、江戸時代の処刑場を指す言葉なのである。打ち首をするために盛られた土が「土壇」で、ここに引き出されるともう命がないことから、進退窮まった場面を土壇場というようになったのだ。

では実際の土壇場ではどのように刑が執行されていたか。

まず罪人が連行されると、四角く掘られた穴の前に座らされることになる。そして首斬人という執行役が、罪人の首を一刀のもとに断ち斬る。首はそのまま穴に転がり、残された胴からは、大量の血が噴き出る。この血も首が転がり落ちた穴に流し込まれた。それゆえ土壇場の穴は「血溜《ちだ》まり」と呼ばれていた。

江戸時代の首切りの様子（『徳川幕府刑事図譜』）

だが、命を奪われる囚人も必死に抵抗する。そこで執行の際にはふたりがかりで両脇を押さえ、背後から縄尻で動きを封じたという。それでも罪人は暴れようとするため、刃が頭や肩を斬りつけてしまい、余計な苦痛を与えることも多々あったようだ。そのためベテランの首斬人は「まだ処刑の時間ではない」などと言って囚人を安心させ、その隙に刀を振り下ろしたといわれている。

日本でも男性器を切除する宮刑が行われていた

古来、中国では「宮刑《きゅうけい》」と呼ばれる刑罰があった。字からはイメージがつきにくいが、男性器を切除する去勢刑のことである。「宮」の字が当てられたのは、執行後に罪人を宮廷などで強制労働させたことに由来するという。

宮刑は執行時の激痛もさることながら、その後も傷口から悪臭を発したり、陰部が尿でただれたりするなど、相当な苦痛が待ち受けていたようだ。

また、男でも女でもない存在に貶められることから精神的な屈辱も強く、死刑に匹敵する罰と考えられていた。のちに去勢者が皇帝に仕えて権勢を誇るようになったため、自ら進んで去勢する者もいたが、当初は死亡率が高く、危険を伴う刑罰だった。

宮刑を受けた人物としては、前漢時代に『史記』を記した司馬遷《しばせん》が有名だ。敗戦の将を庇ったことで、皇帝の逆鱗に触れ刑を言い渡されたという。

ひどい刑罰があるものだと思うかもしれないが、実は日本で行われたこともある。１２０７年、浄土宗の開祖・法然の弟子2人が後鳥羽上皇の女官と密通した容疑、いわゆる女犯の罪で捕縛され、陰茎を切除されたとする記録がある。また、１２３２年に制定された日本最初の武家法『御成敗式目』にも宮刑が公式な刑罰として定められている。

その後も私刑や拷問の手段として宮刑は用いられたが、中には「羅切《らせつ》」といい、修行僧などが淫欲を断つために、自ら男根を切除するケースもあったという。

織田信長も行った残虐刑 ノコギリ挽き

戦国期の日本では数々の処刑法が考案されたが、中でも「かかる苛刑は前代未聞なり」と記されるほど残虐な拷問が「ノコギリ挽《ひ》き」だ。文字どおり、罪人の体をノコギリで挽く刑罰である。

一太刀のもとに絶命できる斬首刑と違い、ノコギリには「挽く」という過程があるため、そのぶん死に至るまでの時間は長く、苦痛も続く。刑が際立って残酷といわれる所以《ゆえん》である。

この残虐刑をより非道な形で行ったとされるのが織田信長だ。餌食となったのは、杉谷善住坊《ぜんじゅぼう》なる忍者である。

鉄砲の名手として知られた善住坊は、あるとき火縄銃で信長を狙撃した。理由は諸説あるが、信長に近江国（現滋賀県）を追われた六角氏から依頼を受けたともいわれている。

だが、狙いは外れ失敗。捕縛された善住坊は、首だけを出した状態で地中に埋められた。

ノコギリ挽き（『徳川幕府刑事図譜』）

そして信長は、通行人に竹のノコギリで善住坊の首を挽くよう命じたのである。わざわざ切れ味の悪い竹で挽かせたのは、少しでも長く苦痛を与えるためであった。

信長の目論見どおり善住坊は死ぬまでに7日も要した。その間この世の地獄を味わう羽目になったのである。ノコギリ挽きは江戸時代でも継続され、主殺しの罪などの際に適用されたという。

公開処刑は庶民の娯楽だった

歴史的に見れば、日本において罪人の処刑は、見せしめのために公衆の面前で執行されることが多かった。これにより犯罪抑止を期待したのだろう。では、処刑を目の当たりにした庶民が震え上がっていたかといえば、そんなことはない。むしろ彼らは処刑を見世物として楽しんでいたようだ。

江戸時代の例を紹介しよう。公開処刑の知らせがあると人々は刑場に殺到した。『広島県史』の１７７７年の記録では「死刑執行の際に見物人が群がって、警備の役人の指図に従わない」という旨の記述が見られる。刑場で騒ぐことを戒める触書を出す藩もあったという。

無名の罪人の処刑でさえ大挙して庶民が押し寄せるのであるから、名の通った人物の死刑執行ともなれば、刑場は上を下への大騒ぎになった。例えば、１８３７年に幕府に反乱を起こした大塩平八郎の処刑では、平八郎がすでに塩漬けの死体となっていたにも関わらず、刑場は野次馬でごった返し、多くの怪我人まで出る始末であったという。

罪人の中には肚の据わった者もおり、処刑前に浄瑠璃《じょうるり》の一節を唸《ひね》ったり、大音声で狂歌を詠んだりして見物人を感嘆させたといわれる。

子どもの切腹はだまし討ちで行った？

日本独自の処刑法に、切腹がある。武士にのみ許された名誉な処刑法という価値観があったが、ときにはその子息までが切腹させられることもあった。

尾張藩士の日記『鸚鵡籠中記《おうむろうちゅうき》』には、1708年に当時13歳の佐藤孫三郎が切腹を命じられたことが記されている。だが、これは重罪を犯した父親に連座しての処分であった。そのため孫三郎も相当反発したのか、同書では藩が「だまし討ち」をしたという記述が見られる。つまり「殺さないから安心しろ」と嘘をつくなりして油断させ、首を刎ねたのである。

武士の風上にも置けない藩だと思いきや、だまし討ちは一種の作法だったようで、江戸時代後期の切腹作法書『介錯《かいしゃく》并《ならびに》切腹《せっぷく》胴付之次第《どうつきのしだい》』にも同様の手口が紹介されている。まず子どもに「切腹の作法を教える」などと言い、扇子で腹を切る仕草をさせて、本人が真似事だと思っている隙に斬首をするというもの。かわいそうだが、嫌がる子どもに無理やりやらせるよりはという気持ちが、大人にはあったのかもしれない。

中には、自らの意志で腹を切った子どももいる。例えば二本松藩（現福島県）では、1712年に14歳の少年が切腹した記録がある。ただ、その理由は「蝉の抜け殻を友人に奪われたため」というものであった。覚悟がありすぎる性格も、生きるには難しいのかもしれない。

アメリカの電気椅子開発にはエジソンも関わった

トーマス・エジソンといえば、白熱電球の実用化など、人類の進歩に多大な貢献をした発明王。一方で、人の命を奪う道具も生み出している。それが処刑用の電気椅子の開発である。

電気椅子開発に関わった発明王トーマス・エジソン

開発のきっかけは、ニューヨーク市が1889年1月から、電気を用いた方法で処刑を行うと定めたことにある。従来の絞首刑よりも効率的に致死させる目的があったが、エジソンはここで陰謀を巡らせる。

当時は送電方式を巡って、電圧が変化しない「直流方式」と、変化する「交流方式」の競争があり、エジソンは安全性の観点から直流方式を採用していた。

ところが電気椅子に関しては、交流方式を利用した。それはライバル社が交流方式を推進していたため。つまりエジソンは、「交流方式は処刑に使用されるほど危険な代物」と喧伝しようとしたのである。いわゆるネガティブキャンペーンだ。さらには公開実験で牛や馬を交流方式で感電死させ、その怖さを殊更印象付けようとした。

　そして1890年8月、エジソンの目論みどおり、交流方式を使った処刑が実施された。ネガティブキャンペーンは成功するかと思いきや、その後に世に広まったのは、変圧器を使えば簡単に電圧を変換できる、交流方式の方であった。

ランニングマシンは刑罰器具だった

　現在、フィットネス用品の定番として知られているランニングマシン。実は19世紀にイギリスで、刑罰器具として使われていたことをご存じだろうか？

　そもそも、「ランニングマシン」という言葉は和製英語で、英語では「踏み車」を意味する「トレッドミル（treadmill）」と呼ばれている。聞きなれない言葉だが、踏み車とは、囚人を強制労働させるための道具である。

　現代のランニングマシンと違い、監獄で用いられたトレッドミルは、中空の大きなシリンダーの外側に足踏み板を備えた構造で、それを複数の囚人が足踏みをして回転させる仕組みであった。そして、この作業で生まれた動力は、風車を回したり、穀物を挽いたりする際のエネルギーとして活用されたという。

　当時のイギリスの監獄法では、16歳以上の囚人は、入獄後の3カ月はトレッドミルを行う義務があった。この労務は1日6時間も行われたとされるから、過酷な刑罰であったことは間違いないだろう。

ロンドンのブリクストン刑務所でトレッドミルの作業を科された囚人

　その後、監獄法は廃止され、この刑罰器具も消滅するはずであった。だが1953年にアメリカのクイントン社がトレッドミルにヒントを得て、モーター付きのランニングマシンを開発。こうして囚人を苦しめた刑罰器具は、健康器具に生まれ変わったのである。

檻に入れて見せしめにする檻刑という罰があった

　かつてヨーロッパやアジアには、「檻刑」と呼ばれる拷問があったとされる。その名のとおり、受刑者を檻の中に入れるものだ。それなら現在の刑務所と変わらない、と思う人がいるかもしれない。だが檻刑では、その姿を大衆の目に晒《さら》され、笑い者にされるのである。

　この檻刑は、オスマン帝国皇帝バヤズィト1世にも科されたといわれている。1402年にトルコで勃発した「アンカラの戦い」でバヤズィトは、侵攻してきたティムール大帝に敗れ、捕虜となった。伝承によれば、猛獣用の鉄の檻に監禁されたという。その後、彼は各地で見世物にされたが、一国の王であった人物にとっては耐えがたい恥辱であったのだろう、バヤズィトは1403年に、檻の中で自殺を遂げることになる。

フランスでも、ルイ14世の時代に同様の刑が行われたが、閉じ込められた囚人は何もすることがなく、最終的には気が触れた状態に陥ったという。檻刑は精神的苦痛を与えることが目的であったといえる。

ただ、一緒に獰猛《どうもう》な山猫を檻に入れ、囚人を引っかく様子を見て楽しんだともいわれているから、残忍で娯楽的な要素もあった罰のようだ。

江戸時代に人体の一部が薬にされていた

漢方では「熊の胆嚢《たんのう》」や「鹿の角」など、動物由来の原料が生薬として用いられることも多い。どちらも普段は目にしない材料だが、江戸時代の日本では、もっと驚きの薬があった。人体の一部が薬として売買されていたのである。

特に人気があったのは、人の胆嚢だ。切り傷や梅毒、肺病などの疾病に効果絶大として重宝されていたという。罪人の死体から取り出した胆嚢や肝臓を原料に丸薬を製造し、巨利を得た薬店もあったようだ。

土佐藩（現高知県）の史料『土佐国古城伝承記』には、頭蓋骨を薬として食した男の話が載っている。それによると、男は肉付きの頭蓋骨、つまり生首を味噌などで調理して７日間摂取。その結果、衰弱しきっていた男は「鬼と相撲を取れるほど」活力を取り戻したと伝えられる。

無論真偽のほどは定かではなく、現代から見れば非科学的な話だ。ただ、古くから人体を材料にして薬物を作る風習は洋の東西を問わず多く見られ、骨や髪、精液や経血なども薬として調合されたという。

幕末の首切り人・山田吉亮。江戸時代に死刑執行を担当した山田家出身。山田家は刑執行後の死体を材料に薬をつくって販売していた

その後、政府は１８７０年４月に肝臓や脳髄、陰茎など人体の一部の売買を禁止する布告を行う。だが、生き胆に薬効があるという伝承は根強く残り、１９０３年には６歳の子どもが殺され、密売目的で内臓が切り取られるという事件が起こっている。

島原地方には蓑踊りという火刑があった

徳島県の阿波踊りや岐阜県の群上踊りなど、日本には地域に根づいた踊りが数多くある。これらの踊りは人々を楽しませるものだが、島原地方（現長崎県）に存在した「蓑踊《みのおど》り」だけは別だ。盆踊りのような娯楽ではなく、江戸時代初期に行われたと宣

教師が伝える火刑なのである。

島原地方は離島が多いこともあり、多くの隠れキリシタンが移住していた。キリシタンの摘発に躍起になっていた島原藩主・松倉重政《まつくらしげまさ》は彼らを捕縛し、改宗を命じたが、信仰心の強いキリシタンは応じようとしなかった。そこで重政が採った手段が、先に挙げた蓑踊りであった。

受刑者は後ろ手に拘束されると、雨具の蓑を被せられて火をつけられた。蓑は藁《わら》でできているため、火がつけば勢いよく燃え上がる。キリシタンは蓑を脱ぎ捨てることもできず、火の熱さに飛び跳ね七転八倒した。その様子が踊っているようだと役人が揶揄したことが、呼び名の由来だという。

キリシタンのみならず、年貢を納められなかった者は、女性や子どもであっても容赦なく火刑が執行されたらしい。

日本側に記録が残っておらず、本当に行われたのか疑問の声もあるが、キリシタンへの厳しい取り調べがあったことは事実である。当地では１６３７年に「島原の乱」が勃発するが、苛烈な拷問に対する人々の怨みも乱の要因の一つであったのだろう。

初詣は鉄道の発達で生まれた

正月三が日に、神社やお寺に参拝する初詣。新しい年の到来にワクワクする人もいれば、混雑にうんざりしながらも、古来の風習なので、仕方なく出かけている人もいるかもしれない。

だが、実は初詣は明治時代に始まった新しい風習で、しかもその誕生には、近代化の象徴である、鉄道の発達が大きく関わっているのだ。

江戸時代にも、元日に自宅近くの神社に参拝する人はいたことはいた。だが、現在のように遠方の神社へ行くという風習は珍しく、初詣という言葉もなかった。

変化が訪れたのは、1872年に新橋と横浜間に鉄道が開通してからである。これにより、正月に汽車に乗って途中の川崎駅から川崎大師へ参詣する人が増加したのだ。

当時の1月3日付の新聞にも「ちよツと汽車にも乗れ、ぶらぶら歩きも出来、のん気にして、至極妙なり」との記事も掲載されている。正月の参拝は、休日を利用したレジャーに変化したわけだ。この新しい行事が、やはり新聞によって「初詣」と名付けられたのである。

開通当初は鉄道を利用できる人間は限られていたが、1899年には、川崎大師の人気にあやかって、大師電鉄が官営鉄道の川崎駅付近と川崎大師を結んだ。これが後の京急電鉄である。

開設当初の鉄道を描いた錦絵

成田山でも「初詣ブーム」が起こり、ここでも官営と京成電気軌道（現京成電鉄）が、熾烈な乗客争奪戦を繰り広げた。

関西でも、阪神電気鉄道が西宮神社の初詣を宣伝した他、他の電鉄でも沿線にある神社仏閣を宣伝していった。

こうした鉄道会社の宣伝が影響して、現在の初詣の形ができていったのである。

世界各地にあった？　花嫁と関係を持てる初夜権

他人の花嫁を、花婿よりも先に抱ける。そんな、現代の感覚からすればとんでもない行為を、「初夜権」という。初夜「権」と呼ばれているがこれは通称で、実際には権利ではなく風習のようなもので、世界各地にその伝承が残っている。

例えばヨーロッパやインドなどの地域では、古代から権力者や聖職者に処女や初婚の女性を捧げる風習があったという。日本も例外ではなく、東北から沖縄に至るまで、似たような風習があったようだ。

民俗学者の中山太郎は「農村や漁村などの共有であった女子が、一人の特定する男子の占有に帰するために科された義務」と述べ、同じく民俗学者の折口信夫《おりくちしのぶ》や知の巨人と呼ばれた南方熊楠《みなかたくまぐす》も、初夜権について著作の中で言及している。

ただ、初夜権に関する文献は多いものの、風聞や又聞き、伝説や伝承を記録したものがほとんどで、その真偽はよくわかっていない。少なくとも、公認された権利だったとまではいえないようだ。

セックス拒否が原因の離婚は慰謝料請求が可能

この頃は仕事の疲れもあって、妻とセックスをする機会がないという夫。子どもができたのだから、もう夫の相手をする必要はないと考える妻。こんなとき、場合によっては慰謝料が請求される恐れがあることを、知っておいたほうがいい。

法律上でも、性交渉は夫婦関係を成立させるのに重要な要素だとされている。これが満足に行われないとなれば、民法770条1項5号にある「婚姻を継続し難い重大な事由」と判断され、離婚の理由にできてしまうのだ。しかも、その原因がEDなどの疾病であったとしても、離婚の理由になってしまう。

実際、性を巡って行われた離婚裁判は、夫の不能や異常性行動、セックスレスが理由に挙げられている。こうした理由は、妻の場合にも当てはめることができる。夫が、もしくは妻が求めているのに、頑なに拒否をし続ければ、離婚の原因として認められるわけだ。請求されれば、拒否した側に慰謝料を支払う義務も生じる。

ただし、「夫が求めすぎて体力がもたない」とか「妻が仕事を休んででも相手をするように求めてくる」といった場合は「異常な性行動」だと判断され、逆に慰謝料を支払うことになる可能性もある。

夫婦でも強姦罪は適用される

夜の営みに妻を誘っても、「そんな気分じゃない」と拒否される……。こんな経験をされた方もいるのではないだろうか？

その際、力任せに性行為に及ぼうとするのは考え物だ。なぜなら、夫婦間でも強姦罪（現・強制性交等罪）が成立する場合があるからだ。実際、２００７年、妻に対し強引に性行為を求めた夫が、懲役3年（執行猶予4年）の刑を受けているのである。

本来、「法は家庭には入らず」の建前があり「夫婦は互いに、性交渉に協力すべき一般的義務を負う」とした判例もある。だが、性行為を遂げるために脅迫や暴力といった手段を用いれば話は別。上記の夫は妻と離婚協議中であったが、「セックスをさせなければ、（妻の）勤務先で働けなくしてやる」などと恫喝して行為に及んだのである。

このように、性行為に至るプロセスに社会通念上容認できない行為があれば、夫婦間といえども処罰の対象になる。では「気が乗らない」と拒む妻に迫ればどうなるか。

裁判所は明確には答えず「通常の婚姻関係が維持されていれば、妻が夫を訴えることは考えにくい」としている。とはいえ、夫婦円満のためには、やはり互いに合意のもとでの性行為がベストだろう。

婚約破棄でも慰謝料が請求できる

夫や妻に責任があって離婚をするとき、相手に慰謝料を請求することができる。では、式も挙げず戸籍もつくっていない、婚約段階ならどうだろう？　結論からいえば、この状態でも慰謝料の請求は可能である。

結婚の約束をし、結納を済ませ、式場の予約までしていたのに婚約破棄を言い渡されれば、それ相応の金額を請求するのは当たり前だが、結納などの具体的な行動には至っていないときでも、婚約が認められて慰謝料を請求できるケースがある。

婚約は互いの合意があれば成立するので、儀式的な行動は必ずしも必要としない。「長く付き合っていた」「同棲していた」「お互いの家族と会って何度か食事をした」「友人知人に婚約者として紹介していた」という事実があれば、婚約は成立していたとみなされるのだ。そして、「気が変わった」「ほかの人と一緒になる」といった正当な理由のない婚約破棄に関しては、損害賠償を行う義務が生じるのである。

ただし、婚約成立の判断は、「婚約者としての地位が社会的に公認されている程度」とされているので、２人の口約束だけでは、無効になる可能性は高い。

自宅であっても住居侵入罪に問われ得る

たとえ自分の家であっても、自由に入ることが許されない。法的にはそんなことが起こりうる。自分名義で、家族が住んでいたとしても、勝手に入ると「住居侵入罪」で罰せられることがあるのだ。それはこんなケースにあてはまる。

　ある男性が浮気相手と一緒になるため、妻と子どもを置いて家を出た。しかし、女性との関係は終わりを迎え、行き場をなくした男性は自宅に戻ることにする。自宅は男性の名義だし、鍵も持っている。妻とも離婚していないので、家族関係は保たれたままだ。男性は妻が留守のうちに自分の鍵で家に入った――。

　こんなとき、妻は男性を住居侵入罪で訴えることができるのだ。

　刑法では「正当な理由がない」のに、人の住居に入ってはならない、と定められている。男性の場合、自分の家族の住む自分の家に戻ってきたのだから、正当な理由と受け取ることはできる。しかし刑法には、「現状の秩序を尊重する」という思想がある。つまり、別居をしていた男性は、もはやその家の住居者ではないとみなされてしまったわけだ。そんな状況を避けたければ、妻に一報を入れて謝罪し、許しを得られれば戻るべきだろう。

脅迫電話や悪質メールは傷害罪で訴えることも可能

「命はないと思え」「住めなくしてやる」

などの脅しをかけ、脅された相手が恐怖を覚えたときに適用される脅迫罪。適用されれば、刑法に基づき「2年以下の懲役または30万円以下の罰金」の刑罰を受けるものの、再犯かかなり悪質でない限り、略式起訴による罰金刑がほとんどだ。

面と向かって言うだけでなく、電話やメール、ネットへの書き込みであっても訴えることはできるものの、被害者からすれば、罰金で済むのは不安が残る。これでは相手の犯行をとどめることはできない、と思ってしまうが、脅迫を受けて精神的なストレスを感じた場合、より重い罪で罰してもらうことが可能になる。その罪とは「傷害罪」である。

傷害罪は、暴力などによってケガをした場合に適用されるが、肉体だけでなく、精神的に傷害を負った場合でも成立する。脅迫が原因でうつ病になったり、ＰＴＳＤ（心的外傷後ストレス障害）になったりしたときは、傷害罪で訴えることができる。

しかもその刑罰は、「15年以下の懲役または50万円以下の罰金」という重いもの。嫌がらせの電話やＳＮＳなどに悪質な書き込みを受け、どうしても相手が許せないようなとき、神経内科や心療内科、精神科で精神疾患の診断書を書いてもらって警察や検察に提出するのも一つの手段だ。

紙幣のコピーは遊びでも捕まる可能性あり

偽札の作成や使用は刑法で禁じられている。では、紙幣をカラーコピーしただけの場合はどうか？　実は、こんなときでも犯罪に問われる可能性はある。

「通貨及証券模造取締法」の第一条では、貨幣や紙幣などと紛らわしい外観を有するものを製造または販売することを禁じている。つまり、あまりにも本物に近い紙幣を作成すれば「模造」とみなされて、逮捕されるかもしれないのだ。

とはいえ、世間には子ども銀行券や一億円紙幣といったフェイク商品も出回っている。そのボーダーラインはどこにあるのだろうか？

まず判断されるのは大きさだ。紙幣の大きさは、例えば1万円札なら縦76ミリ、横160ミリと決められている。これより極端に大きい、もしくは小さい場合は問題がない。ただ、「子供銀行券」と記されていたり「壱億円」と記されていたり、カラーではなくモノクロであったりして、誰が見てもニセモノとわかれば違法とはならない。

問題となるのは、カラーでコピーされたものだ。大きさが本物と同じ程度で両面が複写されていれば、模造とみなされる可能性は高い。小さな子ども銀行券を実物大に拡大コピーして使用し、逮捕された例もあるので、軽い気持ちでのカラーコピーはやめておいたほうがいいだろう。

決闘に応じたら罪になる

決闘というと、時代劇や西部劇など、どこか時代錯誤なイメージがある。ところが日本には、これを罰する「決闘罪」が存在するのである。

決闘罪は、一方が戦いを挑んだり相手が応じたりした段階で成立し、両者には6カ月以上2年以下の懲役が下される。そして実際に決闘を行うと、2年以上5年以下の罪が、また、立ち会った者や決闘場所を提供した者にも1カ月以上1年以下の刑が処されるのである。

決闘罪の正式名称は「決闘に関する件」といい、１８８９年に制定された古い法律だ。そもそもは、旧武家階級の果たし合いや敵討ちなどを禁止する目的で定められたため、現代には馴染まない法律といわれている。

それでも、この罪状による検挙はまれにあり、２０１０年には集団で殴り合いをした少年グループが決闘罪で書類送検されている。その際、彼らは「髪を掴まない」「凶器を使わない」などのルールを決めていたという。翌年にも少年グループの抗争に決闘罪が適用され、このときは見届けた男も書類送検されている。

ところで決闘には果たし状が付き物だが、少年らが喧嘩の約束を記したのはブログやコミュニケーションアプリのＬＩＮＥなどによってであった。

アダルト動画を集団でみると罪になる

最近のアダルト動画は、DVDのみならずインターネットでも配信されており、過激な内容の商品でも気軽に入手できる。ひとりで楽しむこともあれば、ときには仲間内で観賞したいと思うかもしれない。だが、それは少し待ってほしい。

実は複数の人間でアダルト動画を見る行為は、刑法175条の「わいせつ物頒布《はんぷ》等の罪」に抵触する恐れがあるのだ。

同法では、猥褻《わいせつ》な写真やイラスト、フィルムなどを売ったり、公然と陳列したりした者には2年以下の懲役、または250万円以下の罰金が科せられることなどが記されている。

ここでいう「公然と陳列」とは、「不特定多数の人間が観覧しうる状態に置くこと」を意味する。アダルト動画の観賞会も、これに該当する可能性があるとされる。

ただ、具体的な人数までは明記されておらず、6人で観賞したケースが無罪となった判例がある。数人程度の観賞なら大丈夫だが、数十人という規模になると問題視されるというところだろう。また、観賞会に面識のない人間がいた場合にも、公然性が問われるケースがあるという。いずれにしても、アダルト動画はひとりでこっそりと観賞するほうが無難なようだ。

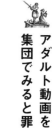

自首しても罪が軽減されないこともある

罪を犯した人間でも、自首をすれば刑が軽くなると思われがちだが、それは時と場合による。

確かに、刑法42条1項には「自首をしたときは、その刑を軽減することができる」と記されている。

ただし、その前には「捜査機関に発覚する前に」という一文がある。自首が成立するためには、犯罪が警察に知られていないか、あるいは犯罪が発覚していても、犯人が不明な段階である必要があるのだ。

言い換えれば、容疑者が特定され指名手配がかけられた状況で警察に出向いても、自首扱いにはならず、罪も軽減されないのである。また、条文にもあるように減刑は「できる」ものであって義務ではない。結局、罪が軽くなるか否かは、裁判官の判断次第ということだ。

では、減刑が認められた場合、どれほど刑期は短縮されるのだろう?

刑法68条には、刑の軽減方法についての定めがあり、死刑であれば無期懲役や10年以上の懲役（又は禁固）、無期懲役なら7年以上の有期刑、有期の懲役ならその2分の1を減ずる旨が記されている。実際の裁判では、罪状に応じて具体的な刑期が定められることになる。

宿泊名簿に偽名を使うと犯罪になる

日本のホテルや旅館ではチェックインの際、必ずといっていいほど氏名や住所などの記入を求められる。不倫旅行で宿泊する人間なら、身元を隠そうとつい偽名を使うかもしれない。しかし、この行為はれっきとした法律違反だ。

そもそも宿帳には、集団食中毒や伝染病が発生した場合の感染ルートの特定や、拡散の防止などの目的がある。そのため、旅館業法では営業者に宿泊者名簿を備えるよう定めており、宿泊者に対しても宿帳への記載を義務付ける規定が設けられている。

もし、これに違反し嘘を書いた場合には、30日未満の拘留、または１０００円以上1万円未満の科料が待っている。実際に検挙された例も過去にはあり、１９６７年に偽名を使った宿泊客が、１５００円の科料を命じられている。

もっともこのケースは不倫ではなく、妻に窃盗の前科があることを隠すために夫が行った虚偽記載であった。だが、偽名が発覚したきっかけは、あろうことか旅行中の妻の窃盗であったという。

ネットショッピングはクーリングオフの対象外

ネットで商品を買って失敗しても、クーリングオフ制度があるから大丈夫。一度結んだ売買契約でも、一定期間内なら無条件で解約できるから安心だ。そう考える人は多いかもしれない。しかし、クーリングオフは買い物すべてに適用されるわけではない。ネット通販にこの制度は適用されないのである。

こう書くと、ネットで買っても返品可能だと表記されているではないか、と思う方もいるかもしれない。それは、「特定商取引法」で販売業者が広告において返品の可否や条件（返品特約）を表示する義務がある、と定められているからだ。そうした表示がなければ、商品の引渡しなどから起算して8日を経過するまでは返品が可能となっている。逆にいえば、ホームページに「返品できません」と書かれていれば、送り返すことはできないのだ。

信頼のできる通販業者なら、ネット上に返品の規定についての記載があり、購入確認の受付メールも届く。発注した商品や数量に間違いがあれば、普通は変更を受け付けてくれる。

問題なのは悪質な業者で、返品特約の記載がわかりづらかったり、受付メールがなかったりするところもある。慎重に確認してからの購入を心がけていただきたい。

100万円の約束手形を100円に下げる方法

仕事を発注したものの、すぐに現金が用意できない。そんなときなどに定められた期日で支払いを約束するのが約束手形だ。

これによって手形を送った側の支払いは延期され、受け取った側も、すぐに現金が必要な場合には、割り引きを受けて資金を調達することができる。

ただ、金額の記載方法を変えることで、大幅な値引きが可能になってしまうパターンもある。

約束手形は、記載された期日になって銀行へ行けば、約束の現金を受け取ったり、自分の口座に振り込んでもらったりすることができる。例えば、１００万円の手形を発行するとき、金額欄には「¥1,000,000―」と記す、という具合だ。

しかし、この数字に加え「金壱百円」と記載しておくと、その手形は１００円の価値しかなくなってしまうのである。いったいなぜか。

手形法第6条には「為替手形ノ金額ヲ文字及数字ヲ以テ記載シタル場合ニ於テ其ノ金額ニ差異アルトキハ文字ヲ以テ記載シタル金額ヲ手形金額トス」とある。つまり、数字と文字（漢数字）の金額が異なるとき、文字の金額が優先されてしまうのだ。

ただ、法的には認められたとしても、信用の失墜でその後の取引に支障が出るのは確実なので、おすすめはできないが。

勝手に塀を建てても隣家に半額請求できる

自宅の隣に新築の一戸建が建ち、隣家の

リビングから、こっちの寝室が丸見えの状態となる。プライバシーの問題もあるので、塀を建てて見えないようにしようと考える。とはいえ、先に住んでいたのはこっち。そもそも向こう側が、間取り設計などの段階で気をつけるべきだ。そう考えると、自分だけで費用を負担するのは納得がいかない。

そんなときは、あまりおすすめしないが、塀を勝手に建ててしまった後から、半額を請求することが可能だ。

民法第225条と第226条では、境界線上の塀について、高さ2メートルの板塀か竹垣に類する材料であれば、隣に折半を求めることができると定められている。つまり、ブロックなどほかの材質であっても、板や竹で作った場合の見積額の半分を請求できるのだ。

とはいえ、当事者間での協議が求められているので、黙って建ててしまうのは問題が残る。一言声をかけて折半を求めるか、それがまとまらなかったときに作ってしまうというのが現実的な策だろう。もちろん、「迷惑になるので塀を建ててほしい」と告げ、隣が全額負担を承諾してくれることがベストであるのはいうまでもない。

酔って2階から落ちると店に損害賠償を請求できる

居酒屋の2階で宴会をしていて酔っ払い、窓から身を乗り出した拍子に転落。幸い命には別状はなかったが、足の骨を折る大ケガをした。こんなとき、ほとんどの人は「酔っ払った自分が悪い」として、自費で治療費を負担するだろう。

しかし、場合によっては、店側に損害賠償を請求することも可能だ。

民法第717条には「工作物責任」に関する定めがあり、建物など工作物の安全性が確保できなかった場合、占有者や所有者は責任が問われてしまう。

つまり、酒を飲むことを前提とした2階の宴会場の窓が転落の可能性のある位置にありながら、それを防止する格子や枠、手すりがないと、店側は注意義務を怠ったとして、損害賠償責任を負うのである。これは、子どもが利用するにもかかわらず、窓の位置が低くて地面に落ちた場合も同じだ。

ただし、酔って窓から身を乗り出した方にも責任があるため、過失相殺の適用によって慰謝料は相当減額され、治療費の全額が補償されることはあまりない。しかし、もたれて窓枠が外れた、手すりとともに落ちた、という場合は保存状況に問題があるので、酔っていた、いなかったに関わらず、全額の請求が可能になることもある。

他人の家に10年住んで自分のものにする方法

近年、増え続ける空き家が問題視されている。実家を相続しても所有権を登記しない人が増えているため、行政も管理できずに景観の悪化、火災・崩壊などの危険性が取りざたされている状態だ。

だが、そんな空き家に住み着いて、自分のものにしてしまう方法があるのだ。

例えば、所有者のわからない空き家があったとしよう。そこにこっそりと引越しをして数十年、生活を続ける。ただそれだけで、この家の所有権は住み着いた人に移ってしまうのだ。これを「取得時効」という。

取得時効は、他人のものと知らずに使い始め、知らなかったことに過失がなければ10年で成立する。仲介不動産屋に騙された場合や所有者を探したけれど見つからなかった場合などが当てはまる。

他人のものと知っていた場合や、知らなかったことに過失がある場合でも20年たてば大丈夫。ただの空き家に勝手に住み着いた場合は、過失ありとみなされるかもしれないが、20年を過ぎると、自分のものになるわけだ。

もちろん、所有者から申し立てがあったとき時効は停止する。その場合は、売買や賃借の契約を結ぶか、そうでないと明け渡しをする必要がある。当然だが、簡単に人の家に住めるほど、世の中は甘くない。

冷たい水でも「温泉」と名乗ることができる

温泉といえば、温かくて体にいい成分が多く含まれているというイメージがある。だが、法律の定義によれば冷たくても、また健康に良いとされる成分が全く含まれていない湯でも、温泉を名乗ることは可能なのだ。

「温泉法第2条1項」によれば、温泉とは「地中から湧出する温水、鉱水及び水蒸気その他のガス（炭化水素を主成分とする天然ガスを除く）で、次に掲げる温度または物質を有するものをいう」とある。

その温度とは、泉源における水温が摂氏25度以上。成分に関しては、溶存物質、遊離炭酸、リチウムイオン、ストロンチウムイオンなど19が挙げられているが、いずれか一つ以上含まれていればいい。温泉成分を一つでも含んでいれば温泉であり、全く含んでいなくとも25度以上であれば温泉ということになるわけだ。

しかも、これらは源泉に対する定義なので、加水や加温、さらに薬品や入浴剤などの投入は可能だ。

ただし、それでは簡単にごまかせるからだろうか、２００５年より加水などを行っている場合は、その旨と理由を脱衣場等に掲示することが義務づけられた。

遺言書に書かれていても遺産の全額は相続できない

父親の死後、生前書き残していた遺書が見つかった。そこには「全財産を長女に譲る」と書かれてある。だが、こんな場合でも、配偶者や他の子どもたちも遺産相続が可能となる。

法律では、法定相続人には一定の割合で遺産を取り戻す権利を「遺留分」として保証している。相続人が配偶者と子どものとき、配偶者には４分の１、子どもにも４分の１が「遺留分」となる。子どもが３人なら、４分の１を３等分することになる。この場合、遺産の総額が６０００万円とすると、配偶者は１５００万円で子どもは一人につき５００万円になるというわけだ。法定相続人が子どもだけの場合、遺留分は２分の１なので、子ども３人で分ければ６分の１が各自の遺留分となる。

もし、親の介護をしていたから遺留分を多くもらうと子どもの誰かが言ったとしても、それは無理だ。子どもたちには同等の権利があるため、誰か１人が遺留分を独占

◆遺留分…遺言に関係なく遺産をもらえる権利

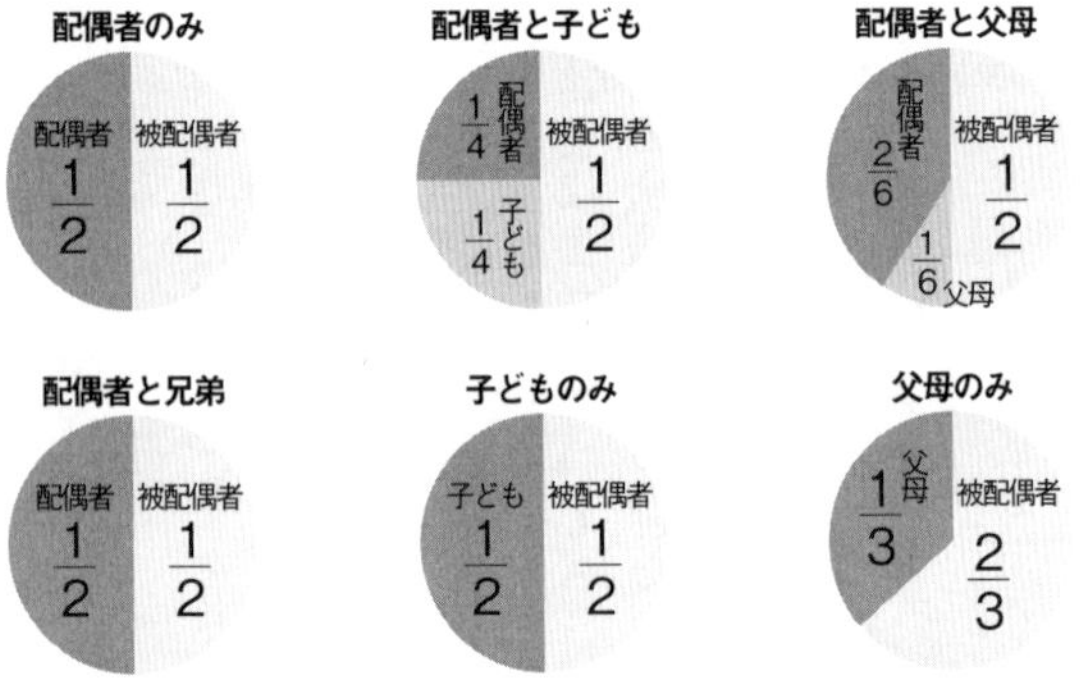

兄弟姉妹に遺留分なし

することはできない。当事者間の話し合いで解決できない場合は、家庭裁判所に調停の申し立てをすることができる。その期間は遺留分の侵害を知ったときから1年、相続開始から10年以内と期間は長い。

　しかし故人の兄弟には、遺留分は認められていない。仲が悪ければ、遺言書によって遺産をまったく与えないことも可能だ。

必ず死刑になる犯罪がある

　日本の刑罰で、極刑は死刑だ。ただ、殺人罪以外で死刑判決が下りることはなく、被害者の数や計画性、目的や動機などが考慮され、回避されることも少なくない。

　しかし、適用される刑罰が死刑だけという犯罪がある。刑法第81条に定められている「外患誘致罪《がいかんゆうちざい》」だ。

　外患誘致罪とは、外国と共謀して日本への武力行使を誘発する罪をいい、ある国の幹部と共謀して日本侵略計画を練り、実行するといった行為を指す。武力行使には戦争を引き起こすだけでなく、日本国内への軍隊侵入、ミサイル攻撃なども含まれる。

　ただし、法に定められた「外国」とは、他国の政府や軍隊などの国家機関を指す。つまり、国家機関でないテロ組織と共謀したり侵入を助けたりしても、外患誘致罪には当てはまらないわけだ。

　外患誘致罪が適用されたことはないが、戦前に一度だけ検討されたことがある。

1941年に起きたゾルゲ事件だ。

ソ連のスパイ組織の一員であるゾルゲが、日本の内閣ブレーンと共謀し、諜報や謀略を企てたこの事件。まさしく外患誘致罪が適応される事案だが、首謀者が侵略の誘致まで企てていたかを立証できる証拠はとぼしかった。結局、公判維持が困難との理由から、外患誘致罪は適用されなかった。

ただ、ゾルゲに対する厳しい処分は変わらず、彼はスパイ行為を禁じた治安維持法や国防保安法（いずれも敗戦後に廃止された法律）の違反によって処刑された。

外患誘致罪適用が検討されたソ連のスパイ・ゾルゲ

勝手に撮った写真をネット上に掲載しても違法ではない

知らない間に写真を撮られていて、それがブログやホームページに掲載された。そんな経験を持つ人もいるかもしれない。だが、これを「肖像権の侵害」として、訴えることは難しい。

肖像権とは、その人の姿形、もしくはそれらを撮影した画像が持つ権利で、「人格権」と「財産権」に分けられる。人格権とは許可なく撮影、描写、公開されない権利のことで、財産権とは自分の肖像によって得る財産的価値を保護する権利をいう。

いずれも権利を主張できそうな気がするが、実際にはかなり難しい。人格権は、不特定多数の人に見られることを前提としている場合や個人が特定できない場合などは、権利侵害とは認められない。風景に映りこんでいるような画像であれば、通常は人格権が侵害されているとはみなされないのだ。

　また財産権においても、芸能人やモデルでない限り、財産的価値が損なわれるとは判断されない。それに、肖像権に関して特別に定められた法律はなく、権利を侵害されても刑事罰に問うことはできないのだ。

　ただし、例外もある。表情のアップなど個人を特定できるような画像であれば、強制的な削除は可能だ。さらに、写真の掲載に悪意があったとすれば、名誉毀損や侮辱にあたる恐れはある。

酔った友人を置き去りにすると犯罪になる可能性がある

　飲み会で酔いつぶれた友人知人がいて、介抱に困ったという経験がある人も、少なくないのではないだろうか。だからといって、そのまま放り出したままではいけない。

　なぜなら、放置した後、酔った人になんらかの異常が起こっていた場合、「保護責任者遺棄罪」という罪に問われることもあるのだ。最悪の場合、泥酔者が死亡したら、保護責任者遺棄致死傷罪が成立する可能性すらある。

　とはいえ、もちろん知らない人が泥酔しているのを放置しても、罪に問われることはない。過去の事例では、泥酔者を家まで送ると約束していた交際相手や、送るよう頼まれていた同僚、飲み会を主催した上司などが「保護する責任のある者」と認定されている。

保護責任者遺棄とは、「保護する責任のある者」が、泥酔者など「保護すべき者」を「遺棄」したことを処罰する法律。その「遺棄」という言葉の中に、「放置したまま立ち去る」ことも含まれるのである。

酒癖の悪い友人に巻き込まれ、前科一犯になるなど避けたいもの。飲み会の多いシーズンは、自分だけでなく、同行者にもハメを外さないよう、くぎを刺しておいた方がいいかもしれない。

隣の火事で自宅が燃えても補償は受けられない

仕事からの帰宅途中、なにやら自宅付近が騒がしい。あわてて駆けつけてみると、隣の家から火が出ていて、自分の家も被害を受けてしまった——。

こんなとき、隣に損害賠償を請求できると思っている人は多いだろう。しかし、日本の法律では、こんな場合でも賠償は受けられないことになっているのだ。

「失火責任法」では、重大な過失が認められない限り、火元は賠償責任を負わないと定められている。なぜそんな規定があるかといえば、法律制定当時の事情が関係している。

この法律が制定されたのは、1899年のこと。木造家屋が住宅の大半を占めていた当時、一度出火すると火は瞬く間に燃え広がり、被害が甚大となることが予想された。そんな状況で個人に責任を負わせるのは酷である、という考えに基づいて、このような法律になったのだ。

ただ、時代に応じて細かな規定は変わってきている。

「重大な過失」については、「油を熱した鍋を放置して外出した」「完全に火の消えていないタバコをゴミ箱に捨てた」「漏電の危険性があったのに修理しなかった」などがあり、ちょっとした不注意も含まれてしまう。明治時代と比べれば、失火元の責任は重くなったといえるだろう。

とはいえ、火元の住人に財産がなければ、十分な賠償がされないこともしばしばある。特に被害が広範囲に及んだ場合は、賠償能力がない可能性は高い。

万が一、一生の買い物である住居に何かある前に、火災保険の加入など、何らかの手を打ったほうがよさそうだ。

明治時代の消火活動を描いた錦絵（『東京の消防百年の歩み』より）

主要参考文献

『ムッソリーニ　一イタリア人の物語』ロマノ・ヴルピッタ著（筑摩書房）
『ヒトラーの秘密図書館』ティモシー・ライバック著・赤根洋子訳（文藝春秋）
『日本軍兵士　アジア・太平洋戦争の現実』吉田裕著（中央公論新社）
『「昭和天皇実録」を読む』原武史著（岩波書店）
『言いがかり110番』藤井勲編著（企業開発センター）
『面白いほどよくわかる世界の秘密結社』有澤玲著（日本文芸社）
『世界の「スパイ」秘密ファイル』グループSKIT編著（PHP研究所）
『図解 世界「闇の支配者」』ベンジャミン・フルフォード著（扶桑社）
『世界陰謀大全』ベンジャミン・フルフォード、テレンス・リー、丸山ゴンザレス著（日本文芸社）
『法律の抜け穴全集』（自由国民社）
『鉄道が変えた社寺参詣』平山昇著（交通新聞社）
『雑学大全』東京雑学研究会編（東京書籍）
『闇のファイル』吉田一彦著（PHP研究所）
『秘密結社』綾部恒雄著（講談社）
『秘密結社』桐生操著（中央公論新社）
『大江戸残酷物語』氏家幹人（洋泉社）
『狂気の科学』レト・U・シュナイダー著（東京化学同人）

「続 狂気の科学」レト・U・シュナイダー著（東京化学同人）
「拷問と処刑の日本史」歴史ミステリー研究会編（双葉社）
「奇想天外な科学実験ファイル」アレックス・バーザ著（エクスナレッジ）
「鞭打ちの文化史」中田耕治著（青弓社）
「日本史瓦版」鈴木亨著（三修社）
「江戸藩邸物語」氏家幹人（中央公論社）
「ぜひ知っておきたい日本の畜産」平野進著（幸書房）
「マル暴組織犯罪対策部の真実」（メディアソフト）
「野生動物最強決定戦」ブレインナビ著（扶桑社）
「英語力ゼロの29歳がニュージーランドに移住したら」長田雅史著（学研プラス）
「だませ　ニセモノの世界」三國隆三著（青弓社）
「贋金王」佐藤清彦著（青弓社）
「封印された問題作品」沢辺有司著（彩図社）
「封印された東京の謎」小川裕夫（彩図社）
「学校ではあつかえない世界史」歴史の謎を探る会編（河出書房新社）
「王様からの求人票」ＪＵＮＺＯ（プレジデント社）
「図解 牢獄・脱獄」牢獄研究会著（新紀元社）
「図解 第三帝国」森瀬繚・司史生著（新紀元社）
「本当に恐ろしい地下組織」歴史ミステリー研究会著（彩図社）

「世界のインテリジェンス―21世紀の情報戦争を読む」小谷賢・落合浩太郎・金子将史著（PHP研究所）
「夜の日本史」末国善己著（幻冬舎）
「呪われた世界地図」怪奇ミステリー研究会著（彩図社）
「「右翼」と「左翼」の謎がよくわかる本」鈴木邦男監修（PHP研究所）
「全人類で一斉にジャンプしたら地球は凹む?」荒舩良孝著（宝島社）
「天皇陵の真相」住井すゑ、山田宗睦、古田武彦著（三一書房）

「犯罪白書」（警察庁）
朝日新聞デジタル（https://www.asahi.com/）
毎日新聞デジタル（https://mainichi.jp/）
産経ニュース（https://www.sankei.com/）
zakzak（https://www.zakzak.co.jp/）
現代ビジネス（https://gendai.ismedia.jp/）
新郷村HP（http://www.vill.shingo.aomori.jp/）
江崎グリコHP（https://www.glico.com/jp/）

禁断の雑学

誰もが口を閉ざす衝撃の雑学250

2021年12月10日　第1刷

編者　黒い雑学研究会

制作　オフィステイクオー（執筆協力：高貝誠）

発行人　山田有司

発行所　株式会社 彩図社

〒170-0005　東京都豊島区南大塚3-24-4 MTビル
TEL:03-5985-8213
FAX:03-5985-8224

印刷所　新灯印刷株式会社

URL：https://www.saiz.co.jp
Twitter：https://twitter.com/saiz_sha

 ISBN978-4-8013-0564-9 C0100

本書は2018年11月に刊行された同名の書籍を修正のうえ、文庫化したものです。